Bruder Andrew
mit Charles Paul Conn

Kampf um Afrika

Was uns die Presse verschweigt

R. Brockhaus Verlag Wuppertal

ABCteam

Bücher, die dieses Zeichen tragen, wollen die Botschaft von Jesus Christus in unserer Zeit glaubhaft bezeugen.

Das ABCteam-Programm umfaßt:
- ABCteam-Taschenbücher
- ABCteam-Paperbacks mit den Sonderreihen: Glauben und Denken (G+D) und Werkbücher (W)
- ABCteam-Jugendbücher (J)
- ABCteam-Geschenkbände

ABCteam-Bücher erscheinen in folgenden Verlagen:
Aussaat Verlag Wuppertal / R. Brockhaus Verlag Wuppertal
Brunnen Verlag Gießen / Bundes-Verlag Witten
Christliches Verlagshaus Stuttgart / Oncken Verlag Wuppertal
Schriftenmissions-Verlag Gladbeck

ABCteam-Bücher kann jede Buchhandlung besorgen

Titel der amerikanischen Originalausgabe: »Battle For Afrika«
erschienen bei Felming H. Revell Company, Old Tappan, NJ, USA

Deutsch von Verena C. Harksen

1978
Umschlaggestaltung: Ralf Rudolph, Ratingen
Gesamtherstellung: Breklumer Druckerei Manfred Siegel

ISBN 3-417-12167-1

Denn wir haben nicht mit Fleisch und Blut zu kämpfen, sondern mit Mächtigen und Gewaltigen, nämlich mit den Herren der Welt, die in dieser Finsternis herrschen, mit den bösen Geistern unter dem Himmel.

Epheser 6,12

Inhalt

1. Von Angola bis Zaire – ein riesiges Schlachtfeld

Afrika ist ein riesiges Schlachtfeld.

In aller Welt schreien Zeitungsüberschriften die Qualen eines gärenden Kontinents heraus:

– Zaire: Invasionstruppen aus dem benachbarten Angola stürmen die Provinz Katanga, werden zurückgedrängt, greifen erneut an ...

– Uganda: Ein Handgranaten-Attentat auf Diktator Idi Amin schlägt fehlt und tötet an seiner Stelle zehn Danebenstehende ...

– Angola: Ein haßerfüllter Bürgerkrieg tobt, in dem Tausende von Kubanern auf seiten der siegreichen MPLA-Revolutionäre kämpfen ...

– Madagaskar: Tausend Zivilisten kommen ums Leben, als Arbeiter bei einem Ausbruch von Stammesfehden gegeneinander kämpfen ...

– Malawi: Sechstausend Asiaten werden ohne Erklärung des Landes verwiesen ...

– Mosambik: Berichte über einen zunehmenden Unterdrükkungsfeldzug gegen die christliche Kirche ...

– Rhodesien: Terroristen stellen siebenundzwanzig unbewaffnete Landarbeiter an die Wand und erschießen sie während weihnachtlicher Festveranstaltungen ...

– Südafrika: In Farbigen-Siedlungen brechen Revolten aus. Die Polizei sperrt eine nicht bekanntgegebene Anzahl von Bürgern, meist Jugendlichen, nach Massenverhaftungen ein ...

– Burundi: Die zehnjährige Regierung von Präsident Micambero wird durch einen Putsch gestürzt ...

– Äquatorial-Guinea: Mindestens ein Viertel der Bevölkerung wird zu Flüchtlingen, um einer Regierung zu entkommen, die, Berichten zufolge, über 20000 Zivilisten zu Sklaven gepreßt hat ...

– Äthiopien: Nach gewaltsamen Demonstrationen in der Hauptstadt, in deren Verlauf Dutzende von Menschen getötet werden, ein neuer Mordversuch am Regierungschef ...

Das ist nur ein kleiner Ausschnitt aus dem heutigen Afrika – genug Blutvergießen und Unruhe für zehn Jahre, und doch ereignete sich all das in einer Zeitspanne von nur drei Monaten, Ende 1976!

Afrika war schon ein gewaltsames und gefährliches Land, als die ersten Forscher in den »Schwarzen Kontinent« vorstießen. Aber das heutige Afrika ist nicht nur ein weitentferntes, eigenartiges Land, in dem Menschen primitiver Kulturen ihre Privatkriege führen. Es ist zum Schauplatz des wichtigsten Ringens auf unserer Erde geworden, nämlich der Schlacht zwischen den Streitkräften Gottes und den Mächten des Bösen. Der Kampf um Afrika hat begonnen; und, ob wir wollen oder nicht, *jeder einzelne von uns* wird als Sieger oder Verlierer aus dieser Schlacht hervorgehen.

In diesem Buch werde ich Sie drängen, sich dem Kampf um Afrika anzuschließen, allerdings, und das gebe ich zu, nicht aus irgendeinem hehren und selbstlosen Motiv heraus. Wir, die wir Tausende von Kilometern von Afrika entfernt in Frieden und Wohlstand leben, müssen an dem Kampf teilnehmen – um *unseres eigenen* Überlebens willen. Was geht uns Afrika an? Alles! Eine Revolution hat Afrika erfaßt, und wenn sie diesen Erdteil überwältigt, wird sie zu einem uns näheren Kampfplatz weiterziehen. Ihr Endziel sind Sie und alle, die Sie lieben und schätzen. Ihr Endzweck ist es, alles Gute und Schöne auszuradieren. Wir müssen sie besiegen, oder wir alle werden eines Tages ihre Opfer sein.

Ein geistlicher Kampf

Bei »Kampf um Afrika« denkt man zunächst einmal daran, daß die Großmächte in einen Kampf verstrickt sind, dessen Preis Afrika heißt. Dieser Kampf vollzieht sich auf politischer, wirtschaftlicher, militärischer und rassischer Ebene. Doch damit wollen wir uns hier nicht beschäftigen. Diese Schlachten überlassen wir den Politikern, Generälen und Wirtschaftswissenschaftlern. Der Kampf um Afrika, an dem wir uns beteiligen müssen, ist ein *geistlicher* Kampf, und er ist der eigentlich entscheidende.

Ich glaube, daß es in Afrika letztlich um diesen einen Konflikt geht. Die Politiker haben nicht den Mut, sich ihm zu stellen. Oft haben sie nicht einmal ein Gespür dafür, oder es fehlt ihnen die moralische Kraft, Entscheidungen zu fällen, die ihn lösen könnten. Es handelt sich um die *geistliche* Auseinandersetzung der Kirche – mit allem, für das sie steht – mit der Revolution und allem, was dazugehört. Die afrikanische Situation aus diesem Blickwinkel zu sehen, löst freilich noch nicht die dortigen Probleme und liefert auch keine frommen Patentrezepte. Um den Kampf zu gewinnen, ist immer noch harte Arbeit nötig, viel Gebet und die Wiederbesinnung auf die Grundlagen des Missionsbefehls. Aber Afrika als geistliches Kampffeld zu sehen, ist zumindest ein Ausgangspunkt. Damit hat man wenigstens einen brauchbaren Blickwinkel, aus dem heraus man die Situation begreifen und das Problem anpacken kann.

Wenn wir hinter den Unruhen in Afrika eine geistliche Auseinandersetzung sehen, dann leuchtet uns auch ein, wie wichtig es ist, was wir wissen und tun. Satan möchte uns gern glauben machen, daß die Schlacht von Heeren und Regierungen, Generälen und Diplomaten entschieden werden wird. Aber das stimmt nicht. Die Schlacht ist geistlicher Natur, und in einer geistlichen Schlacht sind die entscheidenden Waffen Gebet, Fürbitte und die Mitarbeit von Christen auf der ganzen Welt. *Sie* können etwas in Afrika ändern! So abwegig das klingen mag, es ist wahr. Wenn der Kampf ein geistlicher Kampf ist, und wenn er mit geistlichen Waffen entschieden wird, dann können *Sie* persönlich von dort aus, wo Sie wohnen, das Schicksal Afrikas ändern!

Alles, was wir tun, muß seine Grundlage im Glauben daran haben, daß es noch nicht zu spät ist, Afrikas Kurs zu ändern. Wir müssen daran glauben, daß einzelne Christen in den Verlauf des Weltgeschehens eingreifen und den Kurs der Geschichte ändern können. Was geschieht, ist nicht durch irgendein vorherbestimmtes, unausweichliches Schicksal festgelegt. Was geschieht, wird von *Ihrem* Glauben bestimmt, *Ihrem* Handeln, *Ihrem* Willen, *Ihrer* Liebe, *Ihrer* Bereitschaft, eine geistliche Last aufzunehmen und vor den Herrn zu tragen.

Wir dürfen in dieser Schlacht nicht Zuschauer sein! Wir können Einfluß nehmen auf das, was in Afrika geschieht. Wir haben die Wahl: Wir können sitzenbleiben und sehen, wie Afrika unter der Revolution zusammenbricht; oder wir können uns informieren, was da vorgeht, und uns ernsthaft an Gott wenden und ihn fragen, wie wir helfen können.

Und genau darum geht es in diesem Buch.

2. Die leidende Kirche

Ich kann mir lebhaft vorstellen, daß manche Leser sich fragen: »Wie in aller Welt kommt Bruder Andrew, der bisher Bibeln nach Osteuropa schmuggelte, zum afrikanischen Erdteil?«

Eine berechtigte Frage, die ich gern beantworten will. Als ich vor genau zehn Jahren mein erstes Buch schrieb, war ich vollauf damit beschäftigt, Bibeln hinter den Eisernen Vorhang zu schaffen, und von dieser Tätigkeit handelte ja auch mein Buch. Ich wurde als »Gottes Schmuggler« bekannt; und ich habe festgestellt, daß viele Leute immer noch das Bild von damals vor Augen haben: Bruder Andrew, der in einem Volkswagen durch die kommunistischen Kontrollpunkte fährt, im Kofferraum einen Stapel Bibeln. Was ich heute mache, unterscheidet sich davon allerdings gar nicht so sehr, wie manche Leser glauben mögen. Die Hauptunterschiede sind die Hautfarbe der Menschen und die Namen auf den Wegweisern.

Ich habe nie um des Schmuggelns willen geschmuggelt. Gott hat mich nicht zum Schmuggeln berufen, er hat mich aufgerufen, seinem Volk zu helfen. Nur ist eben zufällig ein großer Teil seiner Kinder in Ländern mit Mauern und Zäunen und Grenzabsperrungen, die sie ein- und mich aussperren sollen. Wollte ich diesen Menschen helfen, mußte ich naturgemäß etwas riskieren, ja, in manchen Ländern mußte ich sogar Gesetze brechen. Also tat ich das. Wenn ich zu den Menschen in diesen Ländern hinkam, stellte ich fest, daß sie am dringendsten Bibeln brauchten. »Was kann ich für Sie tun?« habe ich gefragt. »Bitte beschaffen Sie uns Bibeln«, antworteten sie. Und das tat ich. Fünfzehn Jahre lang besorgte ich ihnen Bibeln und andere christliche Literatur. Gott half mir dabei. Öfter, als ich mich erinnern kann, verschloß er den Grenzwächtern die Augen, und er vollbrachte mehr Wunder, als ich erzählen kann. So habe ich den Menschen hinter dem Eisernen Vorhang jahrelang Bibeln gebracht, ohne eine einzige Nacht im Gefängnis zuzubringen. Warum? Einfach deshalb, weil Gott will, daß seine Kinder sein Wort haben – und niemand, ob er nun Stalin oder Chruschtschow oder Breschnew heißt, kann das verhindern.

Als das Buch, das meine Unternehmungen schilderte, erschien, veränderte es einiges. Auf der ganzen Welt wurden Menschen sich ihrer Verantwortung für die Unterstützung von Christen in Gebieten mit eingeschränkter Freiheit bewußt. Ich nenne diesen Ausschnitt des Reiches Gottes die *leidende Kirche*. Ich spreche nicht von *Kirche im Untergrund*, weil diese Bezeichnung das Bild einer Gruppe von Leuten aufscheinen läßt, die irgendwo versteckt sind und kein aktives Zeugnis für Gott leisten; und die Christen, die ich getroffen habe, entsprechen ganz und gar nicht dieser Beschreibung. Ich spreche auch nicht von der Kirche in *unzugänglichen Ländern*, weil ich nicht glaube, daß für das Evangelium ein Land wirklich verschlossen ist. Gott läßt das gar nicht zu! In manche Gebiete kommt man schwieriger als in andere. Manche fordern größere Opfer und bergen größere Gefahren. Aber wenn wir nur kräftig genug drücken, sind alle Türen für uns offen. Kein Land ist unzugänglich, aber es gibt ganz sicher Stellen, an denen die Kirche mit viel Leid für ihre Existenz zahlt.

Mein Wirken gilt dieser leidenden Kirche überall auf der Welt. In der zweiten Hälfte des 20. Jahrhunderts hat die Zahl leidender Christen im direkten Verhältnis zur Ausbreitung der Weltrevolution zugenommen. Ob sie unter dem Namen Kommunismus, Nationalismus, Liberalismus oder wie auch sonst auftritt, das Ergebnis bleibt dasselbe: wo immer die Revolution an die Schaltstellen gelangt, ist die Kirche unter den ersten Opfern. In Osteuropa begann die Revolution zuerst, Krieg gegen die Kirche zu führen – in Rußland und Polen, Ostdeutschland und Rumänien und all den andern Ländern, die am Ende des Zweiten Weltkrieges unter kommunistischen Einfluß gerieten. Und es war die leidende Kirche Osteuropas, die ich zuerst kennenlernte und der ich zu helfen versuchte.

Als »Der Schmuggler Gottes« erschien, begannen Hunderttausende von Christen, die nie ernstlich an die leidende Kirche gedacht hatten, für ihre Brüder und Schwestern in kommunistischen Ländern zu beten. Leute fingen an, mir ihre persönliche Mithilfe anzubieten. Erstaunliche Dinge geschahen. So wurde ein neuseeländischer Buchhalter auf eine Geschäftsreise nach London geschickt. Er reiste über Sibirien und schleppte einen Stoß Bibeln mit, die er unterwegs verteilte. Als er London erreicht hatte, schrieb er mir jubelnd: »Gott hat die gleichen Wunder für mich getan, wie für Sie!« Es gab viele ähnliche Fälle.

Ich hatte mich nur sehr zögernd entschlossen, mein erstes Buch zu veröffentlichen, weil ich befürchtete, daß es die kommunistischen

Behörden aufmerksam machen und meine Arbeit erschweren würde. Aber selbst das erwies sich als Segen! Als es mehr Widerstand gegen unsere Arbeit gab, wurde auch mehr für uns gebetet, und so geschahen noch mehr Wunder, und es wurden noch mehr Siege errungen! Das Buch wurde ein einziger Gebetsbrief. Das kleine Rinnsal christlicher Literatur, für das ich selbst verantwortlich zeichnen konnte, wuchs buchstäblich zum Strom an, als mehr und mehr Christen sich an der Sache beteiligten.

»Open Doors«

Mein Traum von Dutzenden von Touristen- und Studentengruppen, Familien und Geschäftsleuten, die bei ihren Grenzübergängen Bibeln in kleineren Mengen bei sich führten, wurde Wirklichkeit. Die Organisation, die jetzt diese Aktivitäten leitet, heißt »Open Doors« – »Offene Türen« –, und von ihrem Sitz in Ermelo, Holland, entsenden wir jährlich 80 bis 100 Gruppen, die sich der leidenden Kirche annehmen. Wir bemühen uns intensiv, solche freiwilligen »Helfer«, die nur das Abenteuer suchen oder denen das rechte Verantwortungsgefühl fehlt, auszusieben, und die Leute, die in Sperrgebiete gehen, gut auszubilden. Wir gehen keine unnötigen Risiken ein. Niemals schicken wir Mitarbeiter, die nicht auf das vorbereitet sind, was ihnen bevorsteht. Bisher ist, durch Gottes Gnade, keins unserer Teams eingesperrt worden. Ein paarmal war es ziemlich knapp. Wir haben viel für Gruppen beten müssen, die in irgendeiner Klemme zu sein schienen; aber bisher ist jeder, der irgendwo hingegangen ist, auch wieder zurückgekommen.

Wir bilden Leute aus, in wildfremde Orte zu gehen, in denen sie keine Christen kennen, und sie dort zu finden. Erfahrene Mitarbeiter machen »Informationsreisen« in schwierige Gebiete, um Kontakte herzustellen, Verteilsysteme zu erarbeiten, herauszufinden, was die Kirchen in den verschiedenen Städten besonders nötig brauchen, und größeren Teamgruppen, die mit dem Touristenstrom ins Land kommen, den Weg zu ebnen. Wir haben Autos »zollsicher« gemacht und sie so umgebaut, daß man bis zu sieben- oder achthundert Bibeln darin transportieren kann.

Das alles hat dazu geführt, daß wir heute mehr Bibeln als je zuvor in totalitäre Länder schaffen und zudem auch in anderer Weise helfen. Wir haben eine ganze Druckerpresse in eine Stadt hineingeschmuggelt, ebenso mehrere Autos für die Arbeit örlicher Geistlicher, und haben Tausende von Gebetsversammlungen und Gottesdiensten abgehalten. Da gibt es eine kleine russische Stadt, in die wir in den letzten zehn Jahren über 12000 Bibeln eingeschleust haben (von denen natürlich die meisten an Gläubige in bedürftigeren Gebieten weitergeleitet wurden).

Aber ein negatives Ergebnis der Veröffentlichung von »Der Schmuggler Gottes« war, daß ich schließlich meine eigene Beteiligung an den Reisen hinter den Eisernen Vorhang gezwungenermaßen beenden mußte. Etwa ein Jahr nach Erscheinen des Buchs häuften sich die Anzeichen dafür, daß die Polizei von meinen Spezialreisen wußte und scharf aufpaßte, wen ich in ihrem Land besuchte. Als Freunde in Osteuropa mir die Nachricht zukommen ließen, daß sie zu Verhören vorgeladen worden waren und auf dem Schreibtisch des Beamten in der Polizeistation ein Exemplar von »Der Schmuggler Gottes« gesehen hatten, stellte ich meine Reisen ein. Ich sah ein, daß es nach fünfzehn Jahren an der Front Zeit für mich war, mich ins Hauptquartier zurückzuziehen und die Arbeit vor Ort Leuten zu überlassen, die den Behörden weniger gut bekannt waren.

Auf halbem Wege entgegen

Eine meiner letzten Literaturreisen machte ich 1968 in die Tschechoslowakei, als die Sowjetarmee gerade nach Prag einmarschierte. Eine Woche vorher hatte ich ein merkwürdiges Gefühl, daß es irgendwie so kommen würde, und ich sprach mit einem Freund darüber. Acht Tage später saß ich in Holland in meinem Büro, da stürzten meine Kinder herein und schrien, daß in den Fernsehnachrichten Berichte über Prag liefen. Ich drehte das Gerät gerade rechtzeitig an, um eine Direktübertragung aus Prag zu sehen, die den sowjetischen Einmarsch schilderte.

Als ich das im Fernsehen sah, brauchte ich keine Gebetsversammlung mehr, um mir über meine Aufgabe klarzuwerden. Ich dachte mir: Wenn die Russen mir auf halbem Wege entgegenkommen, sollte ich schleunigst in die andere Hälfte gehen!

Am selben Nachmittag belud ich meinen Kombi mit russischen Bibeln und fuhr ohne Halt von Holland bis zur tschechischen Grenze. Ich versteckte die Bibeln nicht einmal, sondern verließ mich darauf, daß ich in der allgemeinen Verwirrung ohne Autodurchsuchung über die Grenze gelangen könnte. Als ich zur Grenze kam, stand da eine kilometerlange Warteschlange von Autos: Tausende von Tschechen, die auf die Ausreise warteten. Ich war der einzige in Gegenrichtung. Wie erwartet, fragte der geplagte tschechische Grenzoffizier gar nicht nach einem Visum, geschweige denn, daß er mein Auto untersucht hätte. Er sah mich bloß an, als sei ich verrückt, schüttelte langsam den Kopf, stempelte meinen Paß und winkte mich durch. Zehn Kilometer hinter der Grenze stieß ich fast buchstäblich auf die Sowjetarmee. Ich fuhr durch eine Kurve und sah zwei große Panzer, die die Straße blockierten. Ein russischer Soldat kam an mein Auto, die Stirn bedenklich gerunzelt, und fragte nach meinen Papieren. Als ich sie ihm durch das Wagenfenster reichte, betete ich das »Schmugglergebet«, das ich schon so oft gebetet hatte: »Herr, in meinem Gepäck habe ich die Heilige Schrift, die ich zu deinen Kindern jenseits dieser Grenze bringen will. Als du auf Erden weiltest, hast du blinde Augen sehend gemacht. Nun bitte ich dich, sehende Augen blind zu machen. Laß die Wächter jene Dinge nicht sehen, die du sie nicht sehen lassen willst.« Und abermals erhörte Gott das Gebet und antwortete mir. Die Soldaten blickten gar nicht in das Innere des Wagens. Sie ließen mich passieren.

Einige Kilometer weiter traf ich in der Stadt Pilsen auf eine andere Armeedivision. Irgendwie geriet ich mitten in eine lange Kolonne sowjetischer Panzer, die die Hauptstraße von Pilsen entlangdonnerten.

Es war ein höchst eigenartiges, ja ein peinliches Erlebnis, denn Tausende von Menschen säumten die Straßen und Plätze der Stadt, ballten die Fäuste, starrten zornig auf die Russen und spuckten vor uns aus. Es war eine schweigende Menge, tödlich still. Aber als sie meinen Caravan mit dem holländischen Kennzeichen sahen, fingen sie an zu rufen und zu jubeln. Ich dachte: »Bitte, bitte, tut das nicht. Jetzt ist nicht die Zeit für ein herzliches Willkommen für einen armen Holländer! Nicht mit einem russischen Panzer fünf Meter hinter mir!« Nach und nach passierte ich die Panzer und rollte auf offener Straße weiter nach Prag. Viele Leute hielten mich an und warnten mich, nicht in die Stadt hineinzufahren, die zu dieser Zeit bereits vollständig besetzt war. Ich kam am Abend dort an.

Die Stadt war chaotisch. Tschechische Bürger hatten alle Verkehrsschilder verdreht und alle Straßennamen und Hausnummern überpinselt, um die Russen zu verwirren. Eilig hergestellte Schilder verspotteten die Russen, indem sie den Weg nach Moskau wiesen. An jenem Sonntagmorgen predigte ich in einer Kirche. Panzer knirschten durch die Straßen; in der Ferne konnte man ab und zu Schüsse hören, aber trotzdem war die Kirche so voll, daß es für viele nur Stehplätze gab. In meiner Predigt hob ich hervor: »Wenn ihr nicht mit dem Evangelium hingeht zu den Heiden, so werden sie als Revolutionäre oder Besatzungsmächte zu euch kommen.« Nach der Predigt stand ich an der Tür und schüttelte Hände. Meine Finger wurden fast zerquetscht, als man mir von Herzen dankte, daß ich gekommen war, um zu helfen.

Ich rief an diesem Morgen die Menschen in der Kirche dazu auf, die Gelegenheit zu nutzen, um die russischen Soldaten zu evangelisieren, und ich lud meinen Stapel Bibeln auf einem Tisch vor der Kirche ab. Sie nahmen sie mit – alle – und gingen hin, um den sowjetischen Besatzungstruppen die Heilige Schrift zu geben. Die Sowjetsoldaten waren ein unglückliches Häuflein. Man hatte ihnen erzählt, daß sie von den Tschechen warm empfangen werden würden, als Freunde und Befreier. Stattdessen fanden sie feindselige, verbitterte Menschen vor, die sie verwünschten, Steine nach ihnen warfen und sogar versuchten, ihre Panzer in Brand zu stecken. Sie waren total verunsichert und völlig demoralisiert. Und nun kamen plötzlich, an jenem Sonntagmorgen, lächelnde Tschechen auf sie zu und sagten: »Iwan – Jesus liebt dich. Hier hast du ein Buch, das dir davon erzählt.« Und sie gaben ihnen die Bibeln in ihrer eigenen russischen Sprache. »Wir lieben euch, weil Jesus euch liebt«, sagten sie zu den russischen Soldaten. Dies geschah nicht nur in Prag, sondern auch in anderen Städten, in die wir Teams geschickt hatten.

Danach zogen wir durch Prag und verteilten Traktate an tschechische Zivilisten. Nie hatten wir es so leicht. Die tschechischen Bürger nahmen die Traktate und Bibeln, die wir ihnen gaben, wie Verhungernde Brot. Die tschechischen Behörden hatten mit den Russen viel zu viel zu tun, um sich um uns zu kümmern, und wir verteilten Zehntausende von Traktaten, bis schließlich unser Vorrat erschöpft war und ich zurück nach Holland fuhr. Das war eine meiner letzten eigenen Literaturreisen. Ich brachte zwar ein paar Jahre später noch einmal eine Ladung Bibeln nach Jugoslawien, aber das war eine leichte Sache, und ich meinte, diese letzte Reise hätte ich mir verdient!

Das asiatische Ringen

In den sechziger Jahren unseres Jahrhunderts hat sich der Schauplatz des großen revolutionären Ringens von Osteuropa nach Südostasien verlagert.

Ein solcher Wechsel sollte uns, wenn wir die Kommunisten ernst nehmen, nicht verwundern. Seit der bolschewistischen Revolution in Rußland (1917) ist die Weltherrschaft erklärtes Ziel der Revolution. Nie hat es Anzeichen dafür gegeben, daß diese Pläne sich geändert hätten. Osteuropa fiel dem sowjetischen Lager nach dem Zweiten Weltkrieg wie ein müder Gladiator zu. Einige Jahre waren nötig, um die osteuropäischen Regierungen zu stabilisieren, und es gab ein paar Aufstände – vor allem in Ungarn und in Polen –, die niedergeschlagen werden mußten. Aber Mitte der sechziger Jahre war Osteuropa anscheinend gesichertes Revolutionsgebiet, und so konnte man sich Südostasien zuwenden.

Vielleicht ist in Asien die Terminologie etwas anders als in Osteuropa, aber die Schlacht ist die gleiche. Die Hauptmacht ist China; das ideologische Leitmotiv ist der Nationalismus; emotionale Grundlage ist die Ernährung der hungernden Massen Asiens. Aber das sind bloße Details. Der eigentliche Kampf in Asien war das Ringen der Kirche um ihr Überleben unter totalitären Regierungen, die das Christentum völlig auszurotten drohten. In den sechziger Jahren verbreitete sich die Revolution wie ein Steppenfeuer über Südostasien, und wie immer war die Kirche das erste Opfer.

Meine erste Reise nach Rotchina unternahm ich 1965, und ich fand dort eine leidende Kirche vor, die der europäischen so ähnelte, daß ich das Gefühl hatte, all das schon einmal gesehen zu haben. Von China ging ich nach Vietnam und spürte, daß die Revolution in diesem Land offenbar unwiderstehlich um sich griff. An dem Tag, als die amerikanische Marine landete, war ich in Da Nang. Ich sah die Soldaten an

Land gehen, um den langen, entsetzlichen, sinnlosen Krieg zu beginnen, den sie acht Jahre später verlieren sollten. Sie verloren, weil sie niemals entschlossen gewesen waren, zu siegen. Danach war ich jedes Jahr einen Monat in Vietnam und arbeitete sowohl unter den Soldaten als auch unter den Stammesangehörigen des Berglandes und innerhalb der vietnamesischen Kirchen. Ich konnte mir ausrechnen, daß die Kommunisten am Ende die Herrschaft erringen würden, und wollte um jeden Preis die Christen, die ich kennengelernt hatte, auf das Leiden, das sie heute erdulden müssen, vorbereiten. Selbst in den frühen, optimistischen Tagen bewegte sich die Strömung in Südostasien unwiderstehlich in Richtung der Revolutionäre.

»Nicht die Waffen entscheiden über den Ausgang eines Kriegs«, hat der Vorsitzende Mao einmal gesagt, »sondern die Menschen, die sie führen.« An diese Feststellung habe ich oft gedacht, wenn ich die Vietcong, ihrer Sache völlig ergeben, zu Fuß den Ho Chi Minh-Pfad hinauf und hinunter wandern sah. Sie schleppten schwere Ausrüstungsgegenstände und Material auf dem Rücken und lebten von winzigen Reisportionen, zutiefst von der Vision eines kommunistischen Vietnam erfüllt. Auf der anderen Seite die Amerikaner mit ihren teuren Waffen, ihren Computern und ihrer Technologie – aber mit verwirrten, hin- und herschwankenden Soldaten, die die mangelnde Unterstützung aus der Heimat deutlich spürten und es einfach eilig hatten, die Sache hinter sich zu bringen und wieder wegzukommen.

In der Mitte der sechziger Jahre hatten die Kommunisten mehr hauptberuflich arbeitende Literaturkolporteure in Südostasien, als der Westen christliche Missionare auf der ganzen Welt hatte! Sie schlugen eine Schlacht um Herz und Sinn der Menschen, während sich die USA auf Gewehre und Hubschrauber verließen, um damit den Sieg zu erringen. Ich besaß verschiedene Presseausweise als Kriegsberichterstatter für Vietnam, so daß ich mich im Land frei bewegen konnte. (Fragen Sie mich nicht, woher ich sie hatte; ein paar Dinge müssen geheim bleiben.) In den ersten Tagen des Kriegs nahm ich an einer Pressekonferenz teil und hörte, wie ein amerikanischer General zuversichtlich erklärte: »Es gibt *keine* Situation, mit der wir nicht fertigwerden. Es ist alles unter Kontrolle.« Wie schlimm sich dieser General verrechnete! Wie wenig er die geistliche Natur der Schlacht verstand, in die er da verwickelt war! Es überraschte mich ein paar Jahre später nicht, daß Vietnam fiel . . . und Laos . . . und Kambodscha. Die Revolution kam dort lange vor den amerikanischen Soldaten an, und diese waren schon besiegt, bevor sie den ersten Schuß abgefeuert hatten – besiegt in dem Kampf, auf den es im Endeffekt am meisten ankam, dem Kampf um die Herzen der Menschen. Ich konnte sehen, wie die Revolution sich ausbreitete.

Wir erhöhten unsere Aktivität in China und Vietnam. Ich reiste in alle Länder, die an China angrenzen. Zur Zeit sind wir dabei, in Indien chinesische Bibeln zu drucken. Wenn wir fertige Bibeln nach Indien schicken, werden sie häufig vernichtet, deshalb drucken wir sie im Land, und unsere Teams bringen sie in Jeeps zur chinesischen Grenze. Die Arbeit in China ist langwierig und gefährlich. Letztes Jahr haben wir nur achtzehn Einreisen nach China geschafft. Das Land ist wesentlich unzugänglicher als die Länder Osteuropas, und es gibt nur wenige, weit voneinander entfernte Stellen, an denen man mit dem Auto oder der Eisenbahn die Grenze überqueren kann. Die Gruppen, denen der Zugang gelungen ist, berichteten jedoch von großem Hunger nach der Heiligen Schrift und von überwältigenden Reaktionen auf ihre Versuche, mit den Menschen über den Glauben zu sprechen. Es gibt im heutigen China eine große und kraftvolle Kirche, das steht fest, aber sie leidet unter einem Regime, das weitaus skrupelloser ist als jene in Osteuropa.

Nachdem Saigon 1975 in die Hand der Nordvietnamesen gefallen war und die Kommunisten Kambodscha und Laos erobert und ihrem Machtbereich einverleibt hatten, richtete die Revolution ihren Blick wieder auf ein neues Ziel. Osteuropa ist versklavt. Südostasien ist inzwischen gefallen. Und das nächste Schlachtfeld beginnt sich abzuzeichnen: *Afrika*. Natürlich – es konnte nicht anders sein. Afrika, mit all seiner Unruhe, seinem Blutvergießen und seiner politischen Labilität war das idealste Betätigungsfeld der Revolution. 1977 kamen Castro und Podgorny, um den schwelenden, teilweise bereits brennenden Konflikt weiter anzufachen. Ein paar Jahre zuvor hatte Chou Enlai Ostafrika besucht. Bei seiner Rückkehr nach Peking hatte er öffentlich erklärt: »Afrika ist reif für die Revolution.«

Das stimmt. Aber Afrika ist auch reif für eine Erneuerung – eine christliche Erweckung. Afrika ist offen, und die Schlacht hat begonnen.

3. Schwarz und Weiß

Manchmal tut Gott sein Werk an den unwahrscheinlichsten Orten!

In einer Baptistenkirche der bulgarischen Stadt Sofia wies er mir zum ersten Mal den Weg nach Afrika. Vor vielen Jahren tat ich dort auf einer meiner Osteuropareisen einen Dienst. Nach dem Gottesdienst kam ein gutaussehender junger Neger nach vorn, um mit mir zu sprechen. Ich war völlig überrascht, in diesem Teil der Welt ein schwarzes Gesicht zu sehen, und ich muß mein Erstaunen gezeigt haben, als ich ihn begrüßte.

Er stammte, so erklärte er mir, aus Mosambik und hatte von der bulgarischen Regierung ein Stipendium für das Studium in Sofia bekommen. Es gebe Tausende wie ihn, sagte er mir, junge Menschen aus ganz Afrika, die auf Kosten der kommunistischen Regierungen an osteuropäischen Universitäten studierten. Er selbst war gläubiger Christ, aber das Angebot einer freien Hochschulausbildung war zu verlockend gewesen, um es zurückzuweisen; und nun saß er in Bulgarien fest und konnte nicht nach Hause zurück, ehe er sein Studium abgeschlossen hatte. Er hatte von meiner Arbeit unter den Christen von Sofia gehört und war gekommen, um mich kennenzulernen und mir etwas Wichtiges zu sagen.

»Bruder Andrew«, erklärte er mir feierlich, »die Revolution breitet sich in meinem Land aus. Mein Vater ist Vizepräsident der Frelimo (der revolutionären Bewegung Mosambiks). Die Bewegung ist jetzt noch schwach, aber sie wächst. Andrew, wenn wir unsere Revolution gehabt haben, die Kirchen geschlossen und die Pastoren ermordet sind, alle Christen im Gefängnis sitzen, alle Missionare hinausgeworfen worden sind und das ganze alte Christentum beseitigt ist – wollen Sie dann kommen und in unserm Land die wahre Botschaft Jesu predigen?«

Das klang damals – vor nunmehr zwanzig Jahren – völlig abwegig. Mosambik war eine scheinbar stabile portugiesische Kolonie mit einer großen und starken Armee. Ich hatte noch nie etwas von Frelimo oder überhaupt irgendeiner revolutionären Bewegung in Mosambik gehört. Und doch: Hier erzählte mir ein junger afrikanischer Christ in einer bulgarischen Kirche, daß die Revolution auf dem Weg nach Afrika sei!

Achtzehn Jahre später, 1975, vertrieb die Frelimo die letzten portugiesischen Soldaten aus Mosambik, übernahm die Regierungsgewalt und begann – wie der junge Mann vorausgesagt hatte – mit der Unterdrückung der christlichen Kirche.

Schwarze Studenten in Europa

Während ich in den Jahren nach dieser ungewöhnlichen Begegnung durch Europa reiste, dachte ich oft darüber nach. Da sind wir nun, überlegte ich, eifrig bemüht, zu den Christen hinter dem Eisernen Vorhang durchzustoßen – und gleichzeitig ist die Revolution schon in Afrika an der Arbeit und bereitet den Tag vor, an dem auch dort ein geistliches Schlachtfeld entstehen wird. Ich traf in Universitätsstädten überall in Osteuropa andere farbige Studenten, sprach mit ihnen, und ihre Botschaft war die gleiche: »Tut jetzt etwas in Afrika, solange noch Zeit ist, bevor die Türen geschlossen sind.« Ich begegnete ihnen in Leipzig, in Prag, in Moskau, in Budapest. Es ist einfach, in Osteuropa mit farbigen Studenten ins Gespräch zu kommen. Sie sind gewöhnlich einsam, fühlen sich fremd, werden von ihren Studienkollegen und von der Bevölkerung oft gemieden und sind deshalb begierig, mit einem freundlichen Fremden Englisch zu sprechen. Man trifft sie in Restaurants oder Parks in der Nähe der Universitäten. Ich lernte viele von ihnen auf diese Weise kennen und unterhielt mich mit ihnen.

Es war eine Erfahrung, die mir die Augen öffnete. »Was geht vor in der Welt?« fragte ich mich. »Und warum wissen wir Christen nichts davon? Hier sind all diese afrikanischen Studenten, Tausende junger Leute, die für die Revolution in Afrika ausgebildet werden, und wir konzentrieren uns ausschließlich auf unseren kleinen europäischen Zipfel der Welt!« Nach und nach erkannte ich die globalen Ausmaße der Revolution. Mir ging auf, wie sie von Europa nach Asien und von dort nach Afrika übergriff.

Das südafrikanische Potential

Einige Jahre später lud man mich nach Südafrika ein, um den Christen dort über die Nöte und Bedürfnisse der leidenden Kirche zu berichten. Auf dieser Reise öffnete Gott meine Augen noch weiter für die Möglichkeiten des afrikanischen Erdteils. Er hatte mir bereits die Notwendigkeit geistlicher Hilfe für die schwarzen Völker am Vorabend der Revolution klargemacht. Aber ehe Gott mich dort gebrauchen konnte, mußte er mir die Kehrseite der Medaille sichtbar machen: er mußte mir die großen Möglichkeiten der südafrikanischen Kirche zeigen und die Rolle, die sie in der geistlichen Schlacht um Afrika spielen kann, demonstrieren.

Ich muß gestehen, daß ich mit negativen Vorurteilen nach Südafrika ging.

Ich hatte in der holländischen Presse manches über das weiße Südafrika gelesen und folglich eine ziemliche Antipathie gegen die Menschen dort entwickelt. Ich hatte mich der populären Ansicht angeschlossen, daß die Weißen Eindringlinge in den Kontinent des schwarzen Mannes seien und sich von dort zurückziehen sollten. So hatte ich natürlich wenig Hoffnung, daß ausgerechnet die südafrikanische Kirche eine wirkungsvolle Kraft im Kampf um Herz und Sinn der Afrikaner sein könnte. Was ich aber vorfand, ließ mich meine Auffassung ändern. Obowhl ich die Politik der Apartheid für unrecht halte, habe ich einige meiner Vorurteile gegen die Südafrikaner streichen und erkennen müssen, daß sie ein entscheidender Schlüssel zur Verbreitung des Evangeliums auf ihrem Erdteil sind.

Ich sah Dinge, die mich verblüfften. Im südafrikanischen Volk – im schwarzen wie im weißen – fand ich eine Ehrfurcht vor Gottes Wort, eine Offenheit für Gespräche über Jesus und ein Verlangen, miteinander zu beten und Zeugnis abzulegen, die in der ganzen Welt bemerkenswert selten sind. Wohin ich auch reiste, überall fand ich aufrichtige Liebe zu Jesus Christus und die Bereitschaft, Zeit und Mühe für sein Reich aufzuwenden. Ich forderte junge Leute auf, Christus mit ihrem ganzen Leben zu dienen, und erlebte innerhalb von drei Wochen, wie 5000 junge Südafrikaner in Stadien, Schulen und Kirchen vortraten, um eine solche Verpflichtung einzugehen. In meinen Botschaften schraubte ich die Anforderungen bewußt hoch, um diejenigen herauszufiltern, die nicht wirklich ehrlich entschlossen waren. Wenn Hunderte junger Leute aufstanden, um sich zur Nachfolge Christi zu verpflichten, bat ich sie manchmal, sich wieder zu setzen, und schilderte den Auftrag noch schonungsloser. Doch je schwieriger ich es machte, desto mehr Jugendliche erhoben sich. Im

Anschluß an diese Versammlungen wurde eine Schule für Evangelisation ins Leben gerufen, die bis heute besteht.

Die Bereitschaft, Christus zu dienen, beschränkte sich nicht auf die weiße Kirche. Ich ging nach Soweto, einem Zentrum der farbigen Bevölkerung, um dort Versammlungen abzuhalten. Auch dort erzählte ich die Geschichte der leidenden Kirche. Ich bat um ein Opfer für die verfolgten europäischen Kirchen und sah mit Staunen, wie Tausende von Münzen in die herumgereichten Hüte wanderten. Es war ein wunderbarer Anblick – eine Gruppe von Christen, die ihre Liebe für eine andere Gruppe unterschiedlicher Hautfarbe und Kultur verströmte, um auf diese Weise christlicher Brüderlichkeit praktisch Ausdruck zu verleihen. In Durban klopfte ein junger indischer Diener an die Tür meines Hotelzimmers und sagte mir, er fühle sich vom Heiligen Geist gedrängt, für mich zu beten. Er legte mir die Hände auf und stellte mich unter den Segen Gottes. Am nächsten Morgen hielt mich ein schwarzer Kellner an, um mir von seinen Erfahrungen mit Gott zu berichten. Er erzählte mir eine bewegende Geschichte, wie Gott seine Schwiegermutter geheilt hatte, und wir freuten uns beide von Herzen.

Mir schien, als sagte Gott zu mir: »Du mußt das *ganze* Afrika, nicht nur das schwarze Afrika, lieben. Du mußt einen Weg suchen, das große Potential Südafrikas zu nutzen, um ganz Afrika zu erreichen. Die Lösung der afrikanischen Krise hängt von weißen und schwarzen Afrikanern gleichermaßen ab. Sie müssen Seite an Seite miteinander arbeiten, um den Kampf gegen die Revolution zu gewinnen.« Gott forderte mich auf, die afrikanische Situation nicht länger aus einer Pro-Südafrika- oder einer Anti-Südafrika-Perspektive zu betrachten, sondern stattdessen einfach darauf zu vertrauen, daß Gott alle afrikanischen Christen einsetzen würde, die revolutionäre Flut aufzuhalten.

Ich lernte erkennen, daß Gott Südafrika benutzen kann, um die Botschaft an ganz Afrika weiterzugeben. Wenn Südafrika Schwarzafrika nicht als Problem, sondern als Chance ansähe, könnte Gott seine ungeheuren geistlichen und materiellen Reserven nutzen, um den gesamten Kontinent zu gewinnen.

Bei der letzten Versammlung dieser Reise sprach ich in Ellis Park, einem Tennisstadion in Johannesburg. Am Ende des Gottesdienstes sprach mich ein würdiger weißer Geistlicher an. Es war Koos Driescher, ein bekannter holländisch-reformierter Pastor. Er berichtete mir, daß er bald in den Ruhestand treten werde und sich gedrängt fühle, den Rest seines Lebens dem Dienst der leidenden Kirche zu widmen. Ich dachte zunächst: »Was sollen wir denn mit einem alten Mann anfangen?« Aber ich gewann den Eindruck, daß Gott ihn uns geschickt hatte, und er wurde hauptamtlicher Mitarbeiter für Open Doors in Afrika. Er entpuppte sich als so jung im Herzen und geistig so rege, daß er uns jetzt wie ein Jüngling vorkommt!

Ins nördliche Afrika

Als ich in andere Länder reiste, sah ich schlagende Gegensätze zum Reichtum und industriellen Fortschritt Südafrikas. Zwischen Johannesburg und den kleinen Ländern Zentral- und Ostafrikas klafft ein riesiger kultureller Graben. Aber ein Thema blieb konstant, wohin ich auch in Afrika kam: in Christus gibt es weder Schwarz noch Weiß noch irgendwelche Rassenschranken. Ich sah, daß die wahre afrikanische Kirche von Liebe und Opferbereitschaft geprägt ist, aber dringend Hilfe braucht, um der Revolution zu widerstehen. Das Evangelium ist dort nicht weniger mächtig als anderswo auf der Welt, aber in fast jedem afrikanischen Land stehen der Kirche enorme Hindernisse im Weg.

Ich predigte in Malawi und Tansania, in Kenia und Äthiopien. Überall hungerten die Menschen nach dem Wort, und überall schienen sich die Afrikaner ohne weiteres mit der Botschaft von der leidenden Kirche zu identifizieren. Man ahnte den schnell heraufziehenden Sturm, die bevorstehenden Verfolgungen, fühlte, daß Afrika das nächste Ziel sein könnte und daß die Berichte von europäischer und asiatischer Not in den kommenden Jahren mehr und mehr auch von afrikanischen Gläubigen handeln könnten. Eines Tages sprach ich in einem christlichen Jugendlager im südlichen Ruanda. Ruanda ist eines der ärmsten Länder der Welt, mit einem jährlichen Durchschnittseinkommen von 17 Dollar pro Kopf. (Zum Vergleich: In USA liegt der Pro-Kopf-Anteil am Bruttosozialprodukt bei 7 060 Dollar pro Kopf, in Ruanda nur bei 90 Dollar.) Ich war dort zur Zeit einer furchtbaren Wirtschaftskrise. Ruandas Treibstoffversorgung kommt aus Kenia, und zwar über Uganda. Die ugandische Armee hatte den gesamten Treibstoff für Ruanda beschlagnahmt, so daß das Land, selbst nach dortigen Maßstäben, ungeheuren Mangel an allem Notwendigen litt.

An jenem Tag erzählte ich die Geschichte Georgi Vins', eines russischen Pastors, der im Gefängnis sitzt, und diese jungen Leute legten ein Opfer zusammen und baten mich, es irgendwie an Georgi Vins' Familie in Rußland weiterzuleiten. Mir kamen die Tränen. Es war herzzerreißend und erschütternd anzusehen, wie hier ein Glied des Leibes Christi einem anderen leidenden Glied half! In tiefster Armut lebende schwarze Ruander spendeten spontan für einen leidenden weißen Bruder in Rußland! Politik, Hautfarbe oder Nationalität spielten hier keine Rolle. Das ist die Botschaft für Afrika, der Geist Christi, der stark genug ist, die Revolution aufzuhalten.

In Kenia war der Universitäts-Hörsaal, in dem ich sprach, so überfüllt, daß die Menschen noch bis in Hörweite draußen standen. Ebenso war es in Äthiopien, wo die Leute auf Fensterbrettern, dem Fußboden, einfach überall saßen. Nun sind große Zuhörermengen in Afrika an sich nichts Außergewöhnliches.

Aber der springende Punkt ist, daß ich die Botschaft von der leidenden Kirche predigte und davor warnte, daß die Verfolgung nach Afrika komme, wie sie nach Asien gekommen sei. Und auf diese Botschaft antworteten mir Christen überall in Afrika: »Ja, wir wissen, daß es so kommt. Wir spüren, wie sich der Sturm zusammenbraut. Und wir wollen dafür gerüstet sein.« Auch in anderen Teilen der Welt sind Afrikaner zu mir gekommen und haben gesagt: »Bruder Andrew, du ahnst ja gar nicht, wie wenig Zeit noch bleibt, in Afrika etwas zu tun.« Sie sorgen sich um ihre Sicherheit, ihre Familien, die Zukunft ihres Kontinents.

So begann unser Dienst in Afrika. Es ist meine feste Überzeugung, daß Gott will, daß die Chrsiten in Afrika sich für das rüsten, was ihnen bevorsteht, und die Gemeinde so bauen, daß sie die Revolution, wo immer sie ausbricht, überstehen kann. Die afrikanische Kirche muß auf dem Fundament der Bibel errichtet sein. Sie darf keine bloße kulturelle Einrichtung sein, keine blasse Kopie irgendeiner westlichen Kirche. Sie muß eine Kirche sein, die ganz aus der Schau Christi lebt, und deshalb ist sie auf Gottes Wort angewiesen. Folglich ist die Kirche außerhalb Afrikas in allererster Linie aufgerufen, die afrikanische Kirche mit Bibeln zu versorgen, damit Gott durch sein Wort in die konkrete Situation der Afrikaner hineinsprechen kann. Noch im Jahr 1970 hatte über die Hälfte der afrikanischen Bevölkerung keinen Zugang zur Heiligen Schrift in ihrer Muttersprache! Wie können wir eine starke afrikanische Kirche erwarten, wenn wir den Preis dafür, den Afrikanern die Bibel zu bringen, noch nicht bezahlt haben?

Nur mit der Bibel

Eine wirklich »einheimische« Kirche kann es nur dort geben, wo die Bibel zur Verfügung steht. Nur mit der Bibel können die Afrikaner ihren eigenen christlichen Glauben aufbauen, also nicht nur weiße Missionskonzepte imitieren, sondern aus dem Stahl der Bibel ihre eigene, unverwechselbare geistliche Rüstung schmieden. Die Bibel braucht keine Hilfe, um ihr Werk zu tun. Sie hat keinen Missionar nötig, keinen Pastor, keine Auslegung. Sie selber ist der beste aller Evangelisten, denn Gott weiß besser als jeder menschliche Autor, wie Afrikaner (oder Asiaten oder Russen oder sonst jemand) Jesus Christus und das Reich Gottes sehen werden. Wenn es uns gelingt, die Bibel in alle Teile Afrikas zu bringen, *bevor* die Revolution kommt, kann die Kirche unter jedem Regime gedeihen, selbst dann, wenn alle Missionare vertrieben und alle Kirchengebäude geschlossen worden sind.

Joseph Korbel, ein Heilsarmee-Offizier, war in der Tschechoslowakei wegen seines christlichen Zeugnisses inhaftiert worden. An einem Nachmittag, so berichtete er später, gelang es seiner Frau, ein belegtes Brot in seine Zelle zu schmuggeln. Er wartete bis spät in der Nacht, ehe er das kleine Päckchen öffnete, und fand zwischen den beiden Brotscheiben ein kleines Neues Testament. Korbels Zellengenosse war geisteskrank – ein Irrer, der nicht einmal menschliche Laute hervorbringen konnte und den man zu Korbel in die Zelle gesteckt hatte, um den Geist des Christen zu brechen. Als Korbel nun diese geschmuggelte Bibel hatte, fing er an, seinem Zellengenossen jeden Tag ein Stückchen daraus vorzulesen. Im Lauf der folgenden Wochen sah er staunend, wie der Mann seinen Verstand wiederfand. Er wurde buchstäblich geheilt – und erlöst – durch die Macht von Gottes Wort!

Chinesen und Russen scheinen den Wert der Bibel besser zu begreifen als wir, sonst wären sie nicht so entschlossen, sie zu beseitigen. Sie bekämpfen die Bibel mehr als alles andere, und mehr als um alle andern Dinge bitten die Gläubigen jener Gebiete um Bibeln. Die Bibel hat eine ganz eigene Macht, und diese Macht ist für die afrikanische Kirche entscheidend. Eine Gruppe ugandischer Geistlicher sagte mir in Kampala: »Es hat in Uganda nie größeren Hunger nach der Bibel gegeben als jetzt. Die Nachfrage wächst ständig. Selbst Russen und andere kommunistische Besucher Ugandas kommen heimlich zu uns und bitten um Bibeln. Wir haben kein Papier, um Bibeln zu drukken. Aus dem Ausland können wir nicht genügend Bibeln besorgen, weil es gegen das Gesetz verstößt, fremde Währungen zu besitzen und der ugandische Schilling wertlos ist. Können Sie uns helfen, Druckpapier oder Bibeln für unser Volk zu beschaffen?«

Ein anderer Bruder in Christus betreibt eine Buchhandlung in einem afrikanischen Land, das den Zustrom christlicher Literatur abgeschnitten hat. »Christen kommen zu mir und sagen: ›Können Sie mir eine Bibel oder ein christliches Buch besorgen?‹ Und ich muß antworten, daß ich nichts für sie tun kann. Dann sagen sie immer: ›Ich nehme alles, egal was, wenn Sie es mir beschaffen.‹ Es ist herzzerreißend. So große Sehnsucht nach Gottes Wort, und wir in diesem Land können nichts tun, um zu helfen.«

Warum müssen wir erst in Ketten liegen, ehe wir die Bibel lieben und als Gottes großes Geschenk an uns anerkennen? Als die amerikanischen Kriegsgefangenen aus den nordvietnamesischen Gefangenenlagern zurückkamen, berichteten sie, daß die Erinnerung an Bibelverse stärkster Halt war. Eins ihrer Hauptprojekte war, eine Bibel aus dem Gedächtnis zusammenzustellen; jeder, der sich an eine Schriftstelle erinnern konnte, trug dazu bei. Es scheint, daß sich der Mensch immer Gottes Wort zuwendet, wenn er sonst nichts mehr hat.

Natürlich sind auf einem Kontinent, auf dem buchstäblich Hunderte von Sprachen gesprochen werden, die Übersetzungen ein großes Problem. Doch noch schwieriger wird es in Afrika, Bibeln in Gebiete hineinzuschaffen, in denen es aufgrund der politischen Situation gefährlich und illegal ist, sie über die Landesgrenzen zu befördern. Was machen wir in solchen Fällen? Was tun wir, wenn Christen in Afrika Bibeln brauchen, aber kein legaler Weg existiert, sie zu den

Menschen zu bringen? Natürlich müssen wir sie dann einschmuggeln! Schon jetzt knüpfen wir Verbindungen und organisieren Vertriebssysteme in Ländern, die vor der Revolution zu stehen scheinen. Dann können wir den Menschen nämlich helfen, wenn die Grenzen geschlossen sind.

Wir müssen die Bibel in alle Teile Afrikas schaffen – wenn möglich mit konventionellen Mitteln, aber mit unkonventionellen Methoden, wenn es keinen anderen Weg gibt.

Zufall oder Fügung?

Ich glaube, daß Gott in seiner Macht denen hilft, die bereit sind, um seines Reiches willen gottlosen Regierungen Widerstand zu leisten. Ich habe in den letzten zwanzig Jahren zu viele Wunder gesehen, als daß ich daran zweifeln könnte, daß Gott diese Art der aggressiven Evangelisation billigt. Manche Menschen haben mich von wunderbaren Ereignissen bei meinen vielen Grenzübergängen erzählen hören und alles dem Glück oder dem Zufall zugeschrieben. Das erinnert mich an eine Geschichte, die ich einmal gehört habe. Sie handelt von einem amerikanischen Collegeprofessor, der sich über Studenten lustig machte, die an den Bericht aus 2. Könige 19 glaubten, als die Assyrer Israel belagerten. Gott sprach: »Ich will diese Stadt beschirmen, daß ich sie errette um meinetwillen und um meines Knechtes David willen.« Und in der Nacht erschlug der Herr im Lager der Assyrer 185000 Mann, und die Israeliten fanden morgens beim Aufstehen alle die Toten.

Der Collegeprofessor nannte das einen Zufall. Ein junger Mann protestierte und meinte, das sei Gott gewesen, der sein Volk befreit habe.

»Jetzt hören Sie mal zu«, sagte der Professor. »Wenn Sie durch einen Dschungel gehen, und plötzlich springt ein Löwe auf Sie los, und während er sich mitten im Sprung befindet, fällt eine Kokosnuß vom Baum und landet auf dem Kopf des Löwen, so daß er zusammenbricht und Sie entkommen können – würden Sie das Zufall oder göttliche Fügung nennen?«

Der Student dachte eine Weile nach, während ihn alle anstarrten. Dann antwortete er: »Na gut, das würde ich vielleicht Zufall nennen. Aber wenn ich im Dschungel spazierengehe, und plötzlich springen

185 000 Löwen auf mich los, und während sie noch in der Luft sind, fallen ihnen 185 000 Kokosnüsse auf den Kopf – dann würde ich das nicht als Zufall bezeichnen, sondern als Fügung oder als die mächtige Hand Gottes!«

Ich glaube, dieser Student siegte in der Diskussion.

Ich sage den Leuten: Wenn ich einmal Bibeln über eine Grenze bringe und sich dabei irgend etwas Bemerkenswertes ereignet, kann man das sicher einen Zufall nennen. Aber ich habe das nun seit achtzehn Jahren getan – hauptberuflich – mit allen meinen Teams, und es ist immer irgend etwas geschehen, was die Posten abgelenkt hat. Manchmal haben wir den Eindruck gehabt, daß sie uns oder unsere Ladung gar nicht gesehen haben. Man kann das unmöglich als Zufall bezeichnen. Es ist Gottes wunderbare Fügung und sein Eingreifen!

Es ist diese göttliche Macht, die unserer Schlacht um Afrika die entscheidende Kraft verleiht – wenn wir nur entschlossen und mutig genug sind, es darauf ankommen zu lassen.

4. Die Tragödie dieses großen Kontinents

Ein Erlebnis in Afrika hat mich so tief bewegt, daß ich es nie vergessen werde. In einem einzigen Augenblick schien es alle Einzelteile des tragischen afrikanischen Puzzles deutlich zu machen.

In einem kleinen afrikanischen Land hatte man mir gestattet, in einem Gefängnis zu predigen.

Es ist ein armes Land, Schauplatz ständiger Stammeskriege zwischen den Hutu und den Tutsi. Es herrscht praktisch eine Diktatur, und die bürgerlichen Freiheiten sind weitgehend eingeschränkt. Es gibt Zehntausende von Flüchtlingen, die Gefängnisse sind überfüllt. Unter denen, die man in diese primitiven Haftanstalten gepfercht hat, sind viele politische Gefangene.

Das Gefängnis, das ich besuchen durfte, war ein häßliches, viereckiges Gebäude, abgelegen, mit hohen Mauern und einem schweren, verrosteten Eisentor. Nirgendwo gab es ein Fenster. Alle Gefängnisse sind niederdrückend, aber dieses war besonders schlimm. Es sah aus wie ein Ort, den niemand je wieder verläßt, wenn sich einmal das Eisentor dröhnend hinter ihm geschlossen hat. Ich lernte den Gefängnispfarrer kennen: einen alten Mann, der im nahen Dorf lebte, einen Alkoholiker ohne Glauben.

Innerhalb der Mauern bestand die Anstalt einfach aus einem viereckigen Gebäude, das in vier getrennte Bereiche aufgeteilt war, riesige offene Räume. In jeden davon hatte man Hunderte von Gefangenen gestopft, die nebeneinander auf der Erde schliefen. Auf der einen Seite war eine einzige Toilettenanlage, die von schmutzigen Abwässern und üblen Gerüchen überquoll. Der Fußboden war dreckig und wurde anscheinend nie gesäubert. Wir luden alle Gefangenen ein, sich in einem der vier Bereiche zu einem Gottesdienst zu versammeln. Sie drängten sich zu Hunderten zusammen, barfuß im Schlamm stehend, selbst die Toilettenanlage war voller Menschen. Wir standen mit dem Rücken zu einer Wand, auf einer Metallkiste, um trockene Füße zu behalten. Wie trostlos alles war, wie entsetzlich bedrückend!

Für mich war es ein erschütterndes Erlebnis, diese Männer anzuschauen, denn ich wußte, daß viele von ihnen politische Gefangene und ganz und gar keine gemeinen Verbrecher waren.

Als ich sie so ansah, bemerkte ich wahrhaft schöne Menschen. Gott flößte mir ein ungeheures Mitleid für sie ein. Ein großer Teil von ihnen waren junge Männer, die lediglich deshalb, weil sie Gegner des Regimes waren, an diesem schaurigen Ort eingesperrt waren. Ich öffnete ihnen mein Herz, erzählte ihnen von Jesus Christus und erklärte ihnen, was es heißt, Christ zu sein. Als ich geendet hatte, zögerte ich zunächst, zur Entscheidung aufzurufen. Aber dann fühlte ich, daß ich es doch tun sollte. Ich hatte über eine Stunde gesprochen, und diese Männer hatten im Morast gestanden und ruhig zugehört. Keiner hatte sich auch nur bewegt. Sie hatten alles, was ich sagte, aufgenommen, wie ein trockener Schwamm das Wasser aufsaugt.

»Ich kann Ihnen keine Freiheit von diesem Gefängnis versprechen«, sagte ich zuletzt, »aber geistliche Freiheit in Jesus Christus. Wer von Ihnen möchte dieses neue Leben in Jesus haben?«

Ein Mann stand rechts von mir, ein älterer Herr mit lockigen, grauen Haaren. Er schaute mich mit großen, aufrichtigen Augen an und erklärte: »Sir, wir *alle* möchten gern so einem Mann nachfolgen, diesem Jesus, von dem Sie da sprechen.« Als ich das der Menge wiederholte und fragte: »Stimmt es, daß Sie mehr von diesem Jesus wollen?« nickten mir Hunderte von Köpfen nachdrücklich zu. Ich versuchte, noch deutlicher zu machen, worum es ging. Ich erläuterte die Notwendigkeit für jeden, in seinem eigenen Leben mit der Sünde Schluß zu machen. Dennoch beharrten sie darauf, daß sie diesen Jesus wollten.

Also beteten wir gemeinsam, und ich versuchte, sie mit Jesus in Verbindung zu bringen. Als ich wieder aufblickte, sah ich viele Tränen in den Augen und auf den Wangen vor mir. Auch mir selbst kamen die Tränen. Ich hatte ein schreckliches Gefühl, weil ich wußte, daß draußen vor dem Gefängnis ein kleiner Volkswagen darauf wartete, mich von diesem gräßlichen Ort fortzubringen. Im Auto war eine Thermosflasche mit heißem Kaffee. Ich würde wegfahren, meinen Kaffee trinken und in einer total andersartigen Umgebung leben. Und ich würde diese Männer, die ich meine Brüder in Christus nannte, ohne Bibeln und ohne Freiheit zurücklassen müssen. Ich blieb den Rest des Nachmittags bei ihnen, sang Choräle und erzählte biblische Geschichten.

Schließlich kam die Stunde des Abschieds, und ich ging schweren Herzens und mit langsamen Schritten von ihnen fort.

Das Schlechte und das Häßliche

Als ich von dem Gefängnis wegfuhr, schoß mir der Gedanke durch den Kopf: Hier hast du das Schlechte und Häßliche des heutigen Afrika zusammengeballt erlebt. Da ist die alles erdrückende Armut und Krankheit. Da ist der politische Umsturz, der die Gefängnisse mit Leuten füllt, deren einziges Verbrechen es ist, ein falsches Wort zu sagen oder dem falschen Stamm, der falschen Kirche oder der falschen politischen Partei anzugehören. Da ist die grausame, sündhafte Art des Menschen, mit seinem Bruder umzugehen. Da ist das Abgeschnittensein von der Anteilnahme der übrigen Welt, auch der christlichen. Und da ist die Ohnmacht der Kirche, vertreten durch einen einzigen Geistlichen, der nicht bekehrt ist, der keine Bibeln hat, keine christliche Liebe und kein Zeugnis für diese Männer, die all das so verzweifelt nötig haben.

Das Gros der 400 Millionen Menschen Afrikas lebt nicht hinter Gittern, aber der größte Teil von ihnen leidet auf die eine oder andere Weise unter den Mächten, die jenes afrikanische Gefängnis geschaffen haben.

Was sind das für Mächte?

ARMUT. Um die Armut Afrikas zu schildern, genügt es nicht, darauf hinzuweisen, daß das jährliche Pro-Kopf-Einkommen, auf den ganzen Kontinent umgerechnet, bei 150 Dollar liegt (zum Vergleich: 3500 Dollar in den USA). Die Lage ist noch verzweifelter, als sich selbst aus dieser schlimmen Statistik ergibt. Achtzehn der achtundzwanzig ärmsten Länder der Welt liegen im Subsahara-Gebiet Afrikas (dem Land südlich der Wüste Sahara). Nur siebzehn Prozent der Menschen können lesen und schreiben. Von hundert neugeborenen Kindern sterben fünfzehn vor ihrem ersten Geburtstag. Die durchschnittliche Lebenserwartung in Afrika liegt um dreißig Jahre niedriger als in den USA!

STAMMESFEHDEN. Das Stammessystem ist ein Faktor des afrikanischen Lebens, der zu ständigen Kämpfen führt und Hunderttausende von Afrikanern zu Flüchtlingen macht. Die UNO-Kommission für Flüchtlinge berichtete letztes Jahr, daß über eine Million Afrikaner als Flüchtlinge im Exil leben. In Burundi erschlagen die Hutu- und Tutsi-Stämme bei ihren Fehden Zehntausende friedlicher Dorfbewohner und vertreiben noch mehr. Im Südsudan werden seit Jahren erbitterte Kämpfe zwischen schwarzen Stammesangehörigen und Arabern ausgefochten, und man schätzt, daß 180000 Sudanesen in Nachbarländern im Exil leben. Rund 40000 Kongolesen, die während der Kämpfe in der Katangaprovinz aus dem Land geflohen sind, leben noch immer im Elend außerhalb Zaires. Die Liste ließe sich noch fortsetzen. »Viele afrikanische Flüchtlinge«, schreibt *U.S. News and World Report* vom 8. 11. 1976, »leben in beständiger Angst, weil sie wissen, daß Verwandte und Freunde eingesperrt, gefoltert und erschlagen worden sind. Nur wenige hoffen noch auf baldige Heimkehr.«

NATIONALISMUS UND POLITISCHER UMSTURZ. Diese beiden Kräfte lassen Afrika nie zur Ruhe kommen. Afrika war lange Jahre eine Ansammlung von Kolonien, von europäischen Mächten beherrscht und ausgebeutet. Aber seit dem Zweiten Weltkrieg hat sich das geändert. Die weltweite Woge des Nationalismus hat Dutzenden afrikanischer Länder die Unabhängigkeit von fremden Mächten beschert, und mit der Unabhängigkeit kamen heftige militärische Führungskämpfe. Der Abzug der Kolonialmächte hinterließ in vielen Ländern ein politisches Vakuum, und die daraus resultierenden Unruhen wurden in erster Linie auf dem Rücken des einfachen Volkes ausgetragen. Manche weiße Kolonialmächte waren tatsächlich Unterdrücker, aber der Wechsel hin zur nationalistischen Regierung hat dieses Problem nicht gelöst.

In vielen Gebieten hat eine kleine schwarze Elite die Macht übernommen. Vor wenigen Jahren noch trug der arme schwarze Mann den Weißen als Last auf seinem Rücken. Nun schleppt er einen anderen Schwarzen. Selbst nach der Befreiung von der Kolonialherrschaft gären Leid und Unzufriedenheit des Afrikaners weiter. Die Probleme bleiben die gleichen: an der Armut, der Grausamkeit und dem sinnlosen Töten hat sich nichts geändert.

DISKRIMINIERUNG. Die weißen Kolonialregierungen in Afrika sind viele Jahre der Sündenbock gewesen, und viele Schwarzafrikaner weisen darauf hin, daß es noch immer Diskriminierung gibt und daß sie die Wurzel vieler Mißstände des Kontinents bildet.

»Es ist keine Diskriminierung der Afrikaner durch die verfluchten weißen Siedler oder Kolonialisten«, schrieb vor kurzem ein nationalistischer Führer, »sondern die Diskriminierung von Afrikanern durch Afrikaner; Diskriminierung durch die Leute aus der Stadt, ›die im schwarzen Anzug‹, Diskriminierung der Volksgenossen, der Brüder und Schwestern, Mütter und Väter, der Bewohner ihres eigenen Dorfs durch die gebildeten Machthaber. Afrikanische Führer, ihr, die ihr so tapfer gegen den Kolonialismus gekämpft habt, die ihr Humanität und afrikanischen Sozialismus predigt – nun seht ihr untätig zu, wie eure gebildeten Kollegen eure schwächeren Untertanen so skrupellos ausbeuten!«

Nährboden der Revolution

In diese Umgebung von Armut, Gewalttätigkeit und Unsicherheit ist die Revolution eingedrungen. Der perfekte Nährboden für die Revolution ist der Mensch im Kriegszustand – der Mensch im Kampf mit sich selbst, mit der Gesellschaft, mit andern Rassen, mit Arbeitsbedingungen, Religionskonflikten, mit Armut und Ungerechtigkeit. Nie hat es in der Geschichte einen Ort und eine Zeit gegeben, die für die Revolution reifer gewesen wäre als das Afrika von heute.

Welche Revolution?

Mit *Revolution* meine ich den weltweiten Druck, die Kirche als wirkungsvolles Zeugnis zu zerstören. Die Revolution ist der Versuch, gewaltsam und ohne Gott die Probleme der Menschheit zu lösen. Sie sagt: »Das Christentum und seine Ideen haben wir alle die Jahre gehabt – und man sieht ja, was für ein Durcheinander herrscht.« Die Alternative, die sie anbietet, ist eine neue Weltordnung, die auf der Ablehnung Gottes beruht. Die Revolution ist eine Bewegung, die Herz und Verstand der Menschen einfangen und sie überzeugen will, daß die Probleme der Welt nur gelöst werden können, wenn man die Kirche und alle ihre Wertmaßstäbe und Lehren ausrottet. Die Revolution predigt, daß Gewalt eine akzeptable Methode ist, um zur Macht zu gelangen, und daß einzelne Menschen geopfert werden müssen, wenn ihr Tod der Bewegung nützt.

Ist also mit »Revolution« der Kommunismus gemeint? Nein. Sie kann, muß aber nicht kommunistisch sein. Sicherlich ist der internationale Kommunismus auch Teil der Revolution, sogar ihr größter Teil. Aber die Revolution hat noch viele andere Gesichter. Oft tritt sie gar nicht in der Gestalt des Kommunismus auf. In einem Land kann sie als Nationalismus erscheinen, an einer Universität als Existentialismus oder in vielen andern Formen. Ihre Wirkung ist jedoch stets die gleiche: Sie will die Kirche zerstören – sei es mit Waffengewalt, durch intellektuelle Argumente oder Spott – und die Menschen von den Wertvorstellungen des wahren Gottes losreißen, damit sie keine andere Quelle der Autorität mehr besitzen als die Revolution selbst.

In der Revolution findet der Haß sein Ventil darin, daß man die Kirche zu vernichten sucht. Die Revolution versucht, die Menschen zu ändern, indem sie ihnen ihr eigenes Elend zeigt und dann alles dem Christentum in die Schuhe schiebt. Darum schließen sich die Menschen der Revolution an und kämpfen um eine neue Welt, wieviel Blut und Tränen sie auch kosten mag. In Havanna, Kuba, sah ich an einer Krankenhauswand ein Che-Guevara-Zitat: »Wenn die Revolution nicht das Ziel hat, die Menschen zu ändern, habe ich kein Interesse an ihr.« *Das* ist die Macht der Revolution – Menschen zu ändern, indem sie ihren Sinn für sich gewinnt.

Es ist wichtig, nicht zu vergessen, daß diese Revolution nicht immer unter der Flagge des Kommunismus operiert. Das trifft speziell für Afrika zu, wo sie häufig die Form des schwarzen Nationalismus oder des Anti-Imperialismus annimmt. Ein Herrscher wie Idi Amin in Uganda würde ganz entschieden behaupten, kein Kommunist zu sein und nur einen unabhängigen Kurs für sein Land zu suchen. Und wahrscheinlich ist es wahr, daß Amins Loyalität nicht Moskau gehört, sondern nur ihm selbst und seinem Stamm – jedenfalls derzeit noch. Aber sein rücksichtsloser Feldzug gegen die Kirche stellt ihn trotzdem in die vorderste Front der Revolution.

Die Revolution ist im wesentlichen ideologischer Natur. Sie ist nicht politisch oder militärisch – das sind nur Waffen, die sie gebraucht. Und weil sie im Kern eine geistliche Bewegung ist, muß man sie mit den Waffen des Geistes bekämpfen. Amerika und der Westen haben zu lange versucht, die Ausbreitung des Kommunismus mit konventionellen militärischen Mitteln zu verhindern. Diese Methode funktioniert einfach nicht. Wenn das, wogegen man kämpft, eine Ideologie ist, so schafft man, je mehr Feinde man tötet, nur um so mehr Märtyrer für diese ihre Sache. Und genau das wollen sie ja. Wir sollten das aus den trüben Erfahrungen der Amerikaner in Vietnam gelernt haben. Die Amerikaner besaßen eine ungeheure militärische Macht, aber die Revolution hatte den ideologischen Krieg schon gewonnen, bevor der militärische Kampf begann. Der Fall Saigons war nur eine Frage der Zeit.

Es kann auch hier passieren

Zu oft meinen wir Angehörigen der westlichen Welt, daß wir den Sieg erringen können, wenn wir nur genügend Geld dafür ausgeben. Wir glauben, wir könnten uns Freunde erkaufen und unser System nur auf Waffen und Technologie aufbauen. Aber was wir in Afrika am nötigsten brauchen, sind mehr Christen mit dem persönlichen Gespür dafür, wie wichtig die Schlacht um diesen Kontinent ist, und mit einem *strategischen* Blick für diesen Kampf, nämlich mit der Einsicht, daß es sich hier um ein geistliches Ringen handelt. Aber wir haben keinen Realitätssinn, keinen Sinn für Strategie, kein Gespür für die rechte Zeit. Wir kämpfen gegen Berufsrevolutionäre, die planmäßig vorgehen. Sie geraten durch Fehlschläge nicht in Panik und lassen sich von Erfolgen nicht einlullen. Auf irgendeine Weise müssen wir den gleichen strategischen Sinn entwickeln wie sie.

Einer unserer Mitarbeiter bei Open Doors hat mehrere Jahre als Missionar in Vietnam gearbeitet. Kurz bevor Da Nang den kommunistischen Truppen in die Hände fiel, fand dort noch eine Missionskonferenz statt. Unser Freund erzählte mir, daß seine Mitmissionare und er damals die Sitzung damit verbracht hätten, ihren »Zehnjahresplan« für Vietnam zu erörtern. Es war eine reine Routinesitzung, als ob draußen die Welt im tiefsten Frieden läge. Sie hatten keine zehn Jahre mehr. Sie hatten nicht einmal zehn Tage! Aber sie schienen es gar nicht zu bemerken. Sie unterschätzten die Gewalt der Revolution bei weitem, und statt die Kirche darauf vorzubereiten, wie sie während der Verfolgung weiterleben sollte, redeten sie darüber, was für Gebäude sie in den Jahren nach 1980 errichten wollten!

Zwei Sätze habe ich auf der ganzen Welt gehört, wenn ich irgendwo über die Revolution spreche. Erstens: Das wird hier ja nie passieren. Zweitens: Wir haben *gedacht*, das würde hier nie passieren. In so vielen Ländern Afrikas habe ich es immer wieder gehört: Das wird hier ja nie passieren. Und in den Ländern Osteuropas, in denen die Freiheit von russischen Revolutionären zerstampft wurde, und in Asien, wo die von China bewaffneten Truppen Vietnam, Laos und Kambodscha unterjocht haben, hat dieser Satz nur eine einzige, traurige Variante: Wir haben *gedacht*, das würde hier nie passieren.

In Afrika kann man den Gang der Geschichte noch aufhalten. Nur wenige Länder sind bereits marxistisch, und selbst dort haben die Führer keine große ideologische Gewalt über die Masse des Volks, sondern nur militärische Macht. Unsere größte Waffe sind Menschen mit verwandelten Herzen, Herzen, die durch die Liebe Christi verändert worden sind.

Henry Kissinger, ein Mann, der nicht zu Übertreibungen neigt, sagte letztes Jahr in einer nicht veröffentlichten Rede, »nie zuvor in der Geschichte sei eine so revolutionäre Umwälzung derart schnell eingetreten« wie die Ausbreitung des schwarzen Nationalismus in Afrika. Vor fünfzehn Jahren betrachtete der britische Premierminister Harold Macmillan den Zustand der afrikanischen Politik und verkündete: »Dem Kontinent stehen stürmische Veränderungen bevor.« Aus diesem Sturm ist mittlerweile ein Orkan geworden, der die Kirche gänzlich von der Landkarte Afrikas wegzuwehen droht.

5. Den Körper heilen – die Seele verlieren?

Die meisten von uns sind mit Geschichten über furchtlose weiße Missionare in Khakishorts und Tropenhelmen großgeworden, die das Evangelium ins tiefste, dunkelste Afrika trugen. Den meisten Menschen der christlichen Welt fällt bei dem Stichwort »Afrika« fast automatisch das Wort »Missionar« ein, so häufig ist beides in Literatur und historischer Überlieferung der Kirche zusammen genannt worden.

Und es stimmt. Afrika ist für uns das vertrauteste Missionsgebiet der Welt. Während der letzten hundert Jahre haben sich mehr ausländische Missionare mit Afrika befaßt als mit irgendeinem anderen Gebiet. Es ist eine Ironie des Schicksals, daß dieser von der Mission durchdrungene Kontinent nun der Teil der Welt sein soll, der einer antichristlichen Revolution am schutzlosesten ausgeliefert ist!

Vielleicht ist das Wort *Ironie* noch zu milde. Es ist mehr als das – eine Tragödie, eine Tragödie von gewaltigem Ausmaß. Wie ist das möglich? Wie kann eine christliche Kirche, die so wohl verankert schien, den Stürmen der Veränderung so hilflos ausgesetzt sein? Ist es möglich, daß die Kirche trotz all ihrer Missionsappelle und ihrer Millionen Dollar in diesen über hundert Jahren in Afrika versagt hat?

Die schmerzliche Antwort lautet: Ja.

Auf viele Arten hat die christliche Kirche wertvolle Beiträge zum afrikanischen Leben geleistet. Es gibt Hunderte von Schulen, Kranken- und Waisenhäusern sowie Kirchen, die alle ohne sie nicht existierten. 1957 besuchte der amerikanische Staatsmann Adlai Stevenson Afrika, und was ihn am meisten verblüffte, waren die Gräber der Missionare. »Jeder, der in Afrika reist, wird ständig an das Heldentum dieser Missionare erinnert«, sagte er. »Sie haben unter schwierigen Bedingungen einen Boden für Religion, Gesundheit und Erziehung bereitet. Was sie getan haben, ist schier unglaublich. Sie haben gegen das Gelbfieber, die Ruhr und die Schmarotzer gekämpft. Und die Grabsteine, die ich gesehen habe! Diese Grabsteine – in ganz Afrika!«

Tausende einzelner Afrikaner verdanken ihre persönliche Begegnung mit Christus westlichen Missionaren. Hundert Jahre lang sind christliche Missionare zu ihnen gekommen, voller Liebe und Hingabe an ihre Arbeit. Mit ihren eigenen Gräbern haben sie den Erdteil gedüngt, als Zeugnis ihrer Aufrichtigkeit. Aber irgendwie hat diese Aufrichtigkeit nicht genügt, um die afrikanischen Völker gegen die Verbreitung der Revolution immun zu machen.

Das tragische Versagen der Kirche

Die Revolution gedeiht immer dann, wenn die Kirche versagt. Wir sind versucht zu behaupten, die steigende Flut der Revolution habe die Kirche in Afrika versagen lassen. Tatsächlich ist es aber umgekehrt. Die Revolution ist erfolgreich, *weil* die Kirche versagt hat. Immer, wenn die Kirche ihre Aufgaben nicht erfüllt, muß die Revolution Erfolg haben. Wenn der geistliche Hunger des Menschen von der Kirche nicht befriedigt wird, bleibt ein Vakuum zurück, in das das Gift der Revolution unvermeidbar einfließt. Der große russische Schriftsteller Solschenizyn sagte, als er die bolschewistische Revolution von 1917 in Rußland beschrieb: »Die Wahrheit gebietet mir zu erklären, daß der Zustand der russischen Kirche zu Beginn des 20. Jahrhunderts eine der *Hauptursachen* für die Unvermeidbarkeit der revolutionären Ereignisse war« (nach *Solzhenitsyn's Religion* von Niels C. Nielsen Jr.).

Ich bin im Kreml-Museum in Moskau gewesen und habe dort einen Hinweis auf das gefunden, was er meint. Dort ist eine gewaltige Bibel ausgestellt, die die Zaren benutzten. Sie ist mit Gold überzogen, und die Diamanten und Edelsteine auf dem Einband sind so schwer, daß man sie kaum mit einer Hand öffnen kann. Die Gewänder der Patriarchen waren mit zwanzig Kilo goldener und silberner Fäden bestickt. Und woher kam all dieser verschwenderische Prunk? Von den armen Bauern – die froh waren, wenn sie Brot zum Essen hatten. Die Kirche in Rußland saugte sie aus bis aufs Blut und gab ihnen als Gegengeschenk niemals das Evangelium der Liebe. Die Kirche verließ die Straßen und ging in die Kathedralen. Sie wurde Handlangerin der etablierten Mächte und war keine Evangelisationskraft mehr, mit einem Becher kühlen Wassers und dem Evangelium des Heils. Und so kam die Revolution nach Rußland.

Auch in Afrika hat die Kirche in gewisser, wenn auch anderer Weise versagt; daher steht auch auf ihrer Schwelle nun die Revolution. Wir haben den afrikanischen Erdteil christianisiert, ohne genügend Menschen einen wirklich persönlichen Glauben zu vermitteln. Ich möchte hier nicht unzulässig verallgemeinern. Ungezählte Missionare haben dem Vorbild und Auftrag Christi entsprechend den Menschen das Heil für Leib, Seele und Geist gebracht. Dennoch bleibt festzuhalten: Zu viele Missionen haben auf das körperliche Leiden des Volkes reagiert und es damit bewenden lassen. Wir haben Krankenhäuser und Schulen gebaut und die geistlichen Bedürfnisse des Menschen irgendwie außer Betracht gelassen. Es ist gut, die Hungrigen zu speisen, die Unwissenden zu lehren und die Kranken zu heilen – aber wenn wir all das für jemand tun, ohne ihm die Botschaft von dem Jesus zu verkünden, der ein neues, wiedergeborenes Geschöpf aus ihm macht, dann haben wir versagt. Wir haben nur dem Körper geholfen, während doch auch die Seele krank ist. Wir haben nur einen gesünderen, besser ausgebildeten Afrikaner produziert, dessen Herz jedoch leergeblieben ist. Und in der leidenschaftlichen Ideologie der Revolution wird er etwas finden, um dieses leere Herz zu füllen.

Die Kommunisten verstehen dieses Prinzip besser als wir. Im Gegensatz zur Kirche haben sie in Afrika keine Waisenhäuser gebaut. Sie sind hinter dem Geist der Menschen her, und darauf zielt ihre ganze Arbeit ab. »Vergeßt die Armut und Krankheit und das menschliche Elend des Afrikaners«, sagen sie; »gebt ihm nur etwas, was er hassen kann, und er wird zum Revolutionär, der im Interesse der Sache alle Entbehrungen nicht achtet.« Wir müssen uns unsererseits darum bemühen, ihm etwas zu geben, was er lieben kann, und jemanden zu zeigen, der ihn liebt – und ihm dann bei der Lösung seiner weiteren Probleme zu helfen.

Die kulturelle Falle

Das erste und grundlegende Problem unserer Missionsarbeit in Afrika liegt darin, daß wir dort eine christliche Botschaft verkündigt haben, die untrennbar mit unserem westlichen Lebensstil verbunden ist. Zu viele Missionare, die nach Afrika gegangen sind, haben mehr ihrer westlichen Kultur oder gar ihren westlichen Regierungen gedient als dem jeweiligen Stamm, unter dem sie arbeiteten. Jeder Missionar sollte eine zweifache Heimat haben: den Himmel – und das Land, in dem er arbeitet. Das Land, aus dem er kommt, sollte dabei keine Rolle spielen. Diese Einstellung muß in gewisser Weise Ausgangspunkt jeder missionarischen Tätigkeit sein.

Unglücklicherweise erscheint vielen Afrikanern das Christentum letztlich als europäischer oder amerikanischer Glaube. Der schwarzafrikanische Schriftsteller Erasto Muga sagt: »Man darf nicht vergessen, daß es den weißen Missionaren in Ostafrika nicht gelungen ist, sich in den Augen der Afrikaner von den Kolonialbehörden zu unterscheiden. Deshalb haben die Afrikaner sich gegen das Christentum und seine Lehren aufgelehnt.« Wir sind nach Afrika gegangen, um eine Kirche nach westlichem Muster aufzubauen; und wenn die Afrikaner unsere Kultur ablehnen, müssen sie zwangsläufig auch unseren Gott zurückweisen.

Ein anderer schwarzafrikanischer Autor beschreibt typische Missionsarbeit in dieser beißenden Skizze:

»Das Kind kommt, mit seinem Lendenschurz bekleidet und mit blankem Podex, in die Missionsschule und sitzt vor einer Nonne oder vor einem Mann, der einen Anzug trägt. In der Musikstunde lehrt man es singen:

Bah, bah, Schwarzschaf,
hast du denn auch Wolle?
Ja, Herr, ja, Herr,
Säcke drei, drei volle.
Einen für den Meister,
einen für die Dame,
und einen für den kleinen Jungen
unten in der Straße.

Das Kind muß überlegen, wovon dieses Lied überhaupt handelt! Schafe werden in seinem Dorf gezüchtet, um gegessen zu werden, als Opfer, wenn eine Frau ein Tabu gebrochen hat, oder um einen Brautpreis zu bezahlen; und sie haben keine Säcke mit Wolle! Der Meister – das muß wohl der Lehrer sein, aber wozu braucht er einen Sack Wolle? Und die Dame? Ist das die alte Großmutter? Und der kleine Junge, sein Spielgefährte, spielt auch nicht mit einem Sack Wolle!

Also denkt er wahrscheinlich über das Lied gar nicht nach und wiederholt es, ohne daß es einen Sinn für ihn hat – so wie er die anderen sinnlosen Lieder und Choräle in der Kirche nachplappert. Später liest er dann merkwürdige Geschichten über einen weißen Jungen namens Hänsel und ein weißes Mädchen namens Gretel, die sich im Wald verlaufen. Sonntagmorgen geht man in die Kirche und singt Lieder über einen weißen Mann namens Jesus. Und wenn man singt, steht man steif da und schaut sich nicht um. Nur nicht so aussehen, als ob es Spaß macht! In der Kirche gibt es keine Trommeln, und die Melodien sind so langweilig.« (Aus den Veröffentlichungen des Afrika-Instituts von Südafrika.)

Gott will eine *afrikanische* Kirche, und wenn man Christi Lehren an die westliche Kultur bindet, ist dadurch gewiß das ganze Projekt zum Scheitern verurteilt. Auf diese Weise machen wir den christlichen Glauben zu einem allzu bequemen Angriffsziel. Die Revolutionäre sagen: »Seht es euch doch an – so lange gibt es schon Christentum! Und was haben die Christen für euch getan? Sie haben euch auf Sklavenschiffe verfrachtet – deren Eigentümer holländische Kalvinisten waren – und euch als Sklaven nach Amerika verkauft, an das christlichste Volk der Welt!« Die Christen sind in Afrika ein leichtes Ziel, ein bequemer Sündenbock. Aber wegen der Sünden und Fehler unserer Vorfahren können wir nun nicht einfach aufgeben. Wir müssen bereit sein zu sagen: »Christentum hat mit meinem Land oder eurem Land oder sonst jemandes Land überhaupt nichts zu tun. Es betrifft den einzelnen Menschen.« Nur so können wir einen neuen Anfang finden; und zwar nicht dadurch, daß wir es nur sagen, sondern indem wir es auch *zeigen*.

Unseren Glauben mit unserer Kultur zu verknüpfen, ist in Afrika ganz besonders nachteilig für uns, weil hier schon immer die Moslems unsere Hauptrivalen in der Evangelisation gewesen sind. Auch der Islam sucht seit über hundert Jahren Anhänger in Afrika, und seine Kultur läßt sich weit leichter als das Christentum auf die afrikanische Kultur übertragen. Das Suaheli, die verbreitete Sprache vieler Ostafrikaner ist denn auch eine Verschmelzung der Bantusprache mit dem Arabischen, die sich durch Heiraten zwischen arabischen Händlern und Bantu-Eingeborenen im Ostafrika des letzten Jahrhunderts entwickelt hat. Die Afrikaner müssen an eigener Kultur weit weniger aufgeben, wenn sie zum Islam konvertieren, als bei einem Übertritt zum Christentum; und die Religion des Islams nimmt in Afrika mit großer Schnelligkeit zu.

Christlicher Rassismus

Eine zweite Hauptschwäche christlicher Missionsarbeit sind ständig wiederkehrende Beweise von Rassismus in der Kirche selbst. Dies ist eine herbe Kritik, aber die Ehrlichkeit gebietet uns, uns selbst und unsere Einstellung in Rassenfragen zu überprüfen. Wir haben gepredigt, daß in Christus alle Menschen eins sind, aber oft haben wir es in der Praxis ganz anders gehalten.

Historisch gesehen hat die ganze protestantische Missionsbewegung in Afrika auf einer rassistischen Grundlage angefangen. Als sich der große mährische Geistliche Graf Zinzendorf 1731 entschloß, als Missionar nach Afrika zu gehen, besuchte er vorher König Christian VI. von Dänemark, mit dem er persönlich befreundet war. Der König, ein frommer Lutheraner, war entsetzt, als er vernahm, daß sein Freund Schwarzen predigen wollte.

»Wie könnt Ihr das tun? Sie sind das Brennholz der Hölle! Kein Schwarzer kann je in den Himmel kommen. Was seid Ihr für ein Narr!«

Graf Zinzendorf unterbrach ihn und erwiderte ruhig: »Es gibt nur einen Weg in den Himmel – ob für Euch oder für einen schwarzen Sklaven – nämlich durch das Blut Jesu Christi.« Der König wurde so zornig, daß er ihn fast hätte arretieren und ins Gefängnis werfen lassen.

»Glaubt Ihr wirklich«, sagte der König, »daß es in Gottes Absicht liegen könnte, daß Negersklaven errettet werden und in den Himmel eingehen sollten? Ihr könnt unmöglich sagen wollen, daß es vor Gott keinen Unterschied der Rasse und Hautfarbe gibt und ein Schwarzer bei Gott genausoviel gilt wie sein weißer Herr? Ja, daß es im Himmel keinen Unterschied zwischen einem Sklaven und seinem Herrn gibt? Ihr gesteht doch gewiß zu, daß Gott wahrlich die Neger verflucht und sie sich selbst überlassen hat, auf daß sie auf immer und ewig verdammt seien? Wie anders wäre Sklaverei denn möglich, wie könnte Gott zulassen, daß wir diese Menschen, oder sollte ich sagen, diese Kreaturen, rauben und für unsere Zwecke ausbeuten? Empfindet Ihr nicht, daß Ihr die ganze weiße Rasse aburteilt und beleidigt, wenn ihr diesen Geschöpfen predigt, daß Gott sie liebt und sie erlösen und im Himmel haben will? Denn entweder habt Ihr recht und die Sklaverei kommt vom Teufel und alle, die damit zu tun haben, sind des Satans

Diener – oder sie sind in Wahrheit verflucht; dann aber habt Ihr nicht das Recht, euch hineinzumischen und ihnen falsches Evangelium zu predigen. Auf diese Art würdet Ihr ein schreckliches Unglück hervorrufen.«

So hat König Christian VI. von Dänemark im Jahr 1731 wörtlich gesagt. Dies war die herrschende Theologie und Philosophie in der Geburtsstunde der protestantischen Missionsbewegung, die zugleich die Zeit der Kolonialmächte war und die Zeit, in der die Buren zuerst ihren Fuß auf die Südspitze Afrikas setzten.

Die damals vorherrschende Theologie besagte, der Schwarze habe keine Seele. Das war zu der Zeit, als die Kolonisierung begann, der Sklavenhandel blühte und die westliche Kultur erstmals in Afrika Einfluß gewann. Seither argumentiert man nicht mehr so vordergründig, aber die grundsätzliche Unfähigkeit, den Schwarzen als völlig gleichberechtigtes menschliches Wesen zu sehen, blieb bestehen. Als im frühen 20. Jahrhundert die große Missionswelle anfing, kamen viele enthusiastische Christen zu dem voreiligen Schluß, daß die Afrikaner Gott nicht begreifen könnten. Einer von ihnen schrieb nach zehn Monaten in Nigeria über die Menschen, unter denen er arbeitete: »Die Menschen sind niederer Art. Meist leben sie in roher Nacktheit. Die älteren Männer und Frauen können sich noch an den Geschmack von Menschenfleisch erinnern. Alle sind sie faul. Sie kennen Gott nicht.«

Der Rassismus hat die Wirkung der Kirche in Afrika bis heute untergraben. Es geht um die Frage der Menschenwürde, um die Behandlung der Neger als Menschen und nicht als Kinder oder Primitive. Wir haben die afrikanischen Völker zu lange von oben herab und wie die Kleinkinder behandelt, obwohl sie längst gleichwertige Partner in der Arbeit im Reich Gottes geworden sind. Eine tiefeingewurzelte Überlegenheitshaltung prägt unbewußt das Verhalten vieler Missionare und beleidigt eben die Menschen, die man gewinnen möchte. W. E. Owen, ein erfahrener europäischer Kenia-Missionar, formuliert das Problem so:

»Nichts beleidigt die Gefühle der Afrikaner mehr als Ungerechtigkeit. Die hastigen, verletzenden Worte, der schnelle Schlag und vielleicht sogar der jähe Fußtritt, zu dem sich der Missionar hat hinreißen lassen – und leider ist das oft geschehen –, tun ihm in den Augen der Afrikaner Schaden. Die Afrikaner sehen, daß Europäer sich untereinander

ander nicht so behandeln, und sind klug genug zu erkennen, daß man zu ihnen anders ist. Es ist wirklich traurig, wenn Afrikaner von einem Missionar sagen: ›Er betrachtet uns nicht als menschliche Wesen.‹«

Die Kirche muß dem Menschen das Gefühl seiner Würde zurückgeben. Wenn wir das tun, hat die Revolution bei ihm keine Handhabe.

Die Führungslücke

Unser größter Fehler in Afrika war vielleicht, daß wir nicht genug dafür gesorgt haben, eine einheimische Führungsschicht auszubilden. Das trifft uns jetzt härter als alle anderen Mängel, denn die Missionare werden aus einem Land nach dem andern vertrieben, und die Woge des Nationalismus macht die weißen Ausländer in vielen Staaten nicht allzu willkommen. Am Ende des Zweiten Weltkrieges gab es südlich der Sahara nur drei unabhängige Staaten; heute sind es vierzig! Die Missionare werden mit Gewalt vertrieben oder ausgewiesen und hinterlassen die Kirchen einheimischen Christen, die dafür nicht ausgebildet sind.

Der Generalsekretär der Bibelgesellschaft von Uganda erzählte mir im letzten Jahr: »In der Vergangenheit haben die Missionare so gut wie alles für uns getan. Wir erfuhren nie, was sie machten oder wie sie es machten. Sie meinten das nicht böse; sie dachten eben, sie wären immer hier, um alles zu organisieren. Als sie gehen mußten, mußten wir übernehmen, und wir sind noch nicht soweit. Alle ugandischen Kirchen werden jetzt von Ugandern geleitet. Obowhl die Kirche hundert Jahre alt ist, sind wir als Führer doch noch schrecklich jung.« Und das ist wahr. Viele Christen in Führungspositionen in diesem Land ließen soviel durch Ausländer erledigen, daß die Veränderungen der letzten Zeit sie ganz aus der Bahn geworfen haben und sie vom Strom der Ereignisse, auf die wir sie nicht vorbereitet haben, mitgerissen werden.

Einer der engagiertesten jungen Missionare, die ich kenne, ist John Kearn, der acht Jahre in Laos gearbeitet hat. Er ist jezt bei »Open Doors« in Afrika tätig und bedauert, wenn er an sein Wirken in Laos zurückdenkt, vor allem eins: »Wir dachten immer, wir hätten mehr Zeit«, sagte er neulich zu mir. »Wir haben nie eine Führungsschicht

herangebildet. Wir behielten alles zu lange selbst in der Hand und haben die Verantwortung nicht früh genug an die Einheimischen abgegeben. Immer tragen wir die großen Entscheidungen, und selbst wenn wir sie nach ihrer Meinung fragten, waren wir gewöhnlich schon entschlossen. Das war unser großer Fehler. Wenn Gott eine Kirche anfängt, hat er in dieser Kirche auch seine Führer. Wir müssen sie nur erkennen und bereit sein, ihnen die Sache auch zu überlassen. Wir haben ihnen nicht beigebracht, ohne uns auszukommen. Wir haben darin versagt, uns selbst überflüssig zu machen – das war unser größter Fehler!«

John Kearn verließ Laos nach acht Jahren, und bald darauf fiel das Land in die Hände der Kommunisten. Es ist unwahrscheinlich, daß westliche Missionare in den nächsten Jahren dorthin zurückkehren dürfen. Die Lektion von Laos, auf Afrika übertragen, ist klar: die einheimische Kirche muß noch heute aufgebaut werden; denn im sich so rasch wandelnden Kontinent Afrika ist es gut möglich, daß es ein Morgen nicht mehr geben wird.

Die andere Seite

Warum ist es konstruktiv, die Bereiche zuzugeben, in denen die Kirche in Afrika versagt hat? Weil sich bei vielen Christen, die sehen, wie die Revolution auf diesen Kontinent stürmt, ein Gefühl der Niederlage und des Fatalismus breitmacht. Sie sehen den Zusammenbruch der Missionsarbeit in so vielen Ländern und meinen, daß das Evangelium es einfach nicht schaffen kann, Afrika vor der Revolution zu retten. Man hat es in Afrika mit der Kirche versucht, sagen sie, und es hat nicht funktioniert. Also heben wir eben die Hände hoch und akzeptieren den Sieg der Revolution als etwas, was wir nicht aufhalten können. *Aber das ist nicht wahr.*

Es ist schon gesagt worden und trifft für Afrika mehr als für alle anderen Länder zu: Das Problem ist nicht, daß man es mit dem Evangelium probiert hat und das Evangelium nicht das richtige war – das Problem ist, daß man es eben *nicht* mit dem Evangelium versucht hat!

Das Evangelium verwandelt die Herzen der Menschen, und wenn ihre Herzen verwandelt sind, ändert sich auch ihr Denken. Und wenn das Denken sich ändert, ist die Revolution geschlagen! Keine politischen Absprachen, keine modernen Waffen, keine Guerillatruppen, keine Menschenkraft kann den Sieg für die Revolution erringen, wenn das schlichte, unverfälschte, für kulturelle Unterschiede und für Farben blinde Evangelium Jesu Christi genügend Menschen das Herz angerührt und sie für sich gewonnen hat. Wichtiger als alle sozialen, medizinischen und humanitären Programme ist der einfache Schritt, einem Menschen die Bibel in die Hand zu geben, damit Gott durch sie zu ihm sprechen kann. Viel wichtiger als alle politischen Vorträge und Aufrufe ist die Aufgabe, ihm die Geschichte von Jesus, seinem Tod und seiner Auferstehung zu erzählen. Das hört sich so primitiv an, aber es ist gerade simpel genug, um zu funktionieren! Das sind die Grundlagen des großen Auftrags, zu denen wir zurück müssen. Wenn wir das schaffen, ist es noch nicht zu spät, Afrika zu retten.

Festo Kivengere, der bekannte ugandische Bischof, erzählt seine Geschichte, die machtvoll illustriert, was ich hier sage:

»Wir nahmen in Kenia an einer großen Versammlung mit rund elftausend Leuten teil. Die meisten waren Christen, wiedergeborene Männer und Frauen; einige aber waren als Zuschauer gekommen, oder der Heilige Geist hatte sie hergeführt, auf daß sie gerettet würden. Es war nicht lange nach dem Terrorismus in Kenia, als Hunderte von Christen unter den Händen der Mau-Mau starben und noch im Tod ihren Glauben bezeugten. Sie waren glorreich gefallen: manche von ihnen noch kleine Mädchen, manche junge Männer und Frauen, manche auch älter. Und als in dieser großen Versammlung das Evangelium gepredigt wurde, wirkte der Geist Gottes auf die Menschen. Leute weinten.

Ein Mann stand auf, völlig überwältigt. Es war ein harter Bursche, dem Stamm nach ein Kikuyu, Taxifahrer in Nairobi: kein sentimentaler Typ, aber er bebte von Kopf bis Fuß und weinte. Er sagte: ›Ich bin viel schlimmer als ein Tier. Die letzten drei Jahre bin ich Terrorist gewesen. Ich habe über sechzig Menschen umgebracht. Und dennoch fühle ich, daß mich Gottes Liebe aufgenommen hat.‹ Er begann erneut zu weinen, und alle Leute beugten den Kopf im Gebet.

›Ich hätte nie erwartet, daß Gott mich annimmt‹, fuhr er fort. ›Nun weiß ich, daß er es getan hat. Aber hier in dieser Menge ist eine Frau. Ich habe dabei geholfen, ihren Mann vor ihren Augen im Schlafzimmer aufzuhängen. Kann solch eine Frau einem Tier von einem Menschen wie mir vergeben?‹

Und tatsächlich war sie dort. Sie stand auf und ging still von ihrem Platz dorthin, wo der Mann stand, der ihren Gatten ermordet hatte. Alle Köpfe waren gesenkt; niemand wußte, was geschehen würde. Dann streckte die Frau ihre Hand aus und legte sie in die Hand des Mannes, der ihren Ehepartner umgebracht hatte, und sie sagte: ›Ich habe dir schon in jener Nacht vergeben, als mein Mann für dich betete. Jetzt bist du mein Bruder.‹

Der Taxifahrer ist heute Evangelist. Ich habe Seite an Seite mit ihm Zeugnis für den Glauben abgelegt – ein wunderbares Erlebnis. Wenn er von der Liebe Gottes spricht, weint er. Man kann es ihm nicht vorwerfen.«

Könnte jemand von uns einen solchen Mann mit klugen Argumenten gewinnen? Könnten wir den Haß, der ihn töten ließ, aus seinem Herzen auslöschen? Könnten wir überhaupt an sein Inneres herankommen und ihn überzeugen, daß seine politische Einstellung etwas Böses sei? Natürlich nicht. Wenn wir uns nur auf unsere eigene Kraft verließen, müßten wir ihn in der Schlacht um Afrika als unseren Feind abschreiben. Aber das Evangelium Christi verwandelte sein Herz in einer Sekunde und machte ihn zu einem Verbündeten der Kirche, einem Evangelisten für andere!

Es ist viel zu früh, Afrika abzuschreiben. Wir brauchen uns nicht bei unsern Fehlern aufzuhalten, nicht bei unserm Versagen zu verweilen. Es ist nicht nötig, daß wir unsere Hände hochheben und aufgeben. Wenn Gott *einen* Mann geändert hat, kann er auch zehn ändern. Hat er zehn verwandelt, so kann er auch Zehntausend, ja einen ganzen Erdteil verwandeln.

6. Das Vermächtnis von Marx und Lenin

Ich habe immer denen mißtraut, die meinen, der Kommunismus sei an allem schuld.

Vielleicht ist es merkwürdig, wenn ausgerechnet ich das sage, weil ich für viele Leute ein Symbol des Widerstandes gegen die kommunistischen Regierungen Osteuropas bin. Aber es stimmt trotzdem; ich finde es einfach verblüffend, wieviele Mißstände manche Leute auf kommunistischen Einfluß zurückzuführen vermögen. Ich kenne Leute, die hinter buchstäblich all ihren Problemen den Kommunismus lauern sehen, von den Lebensmittelpreisen in Paris bis zur Getreidemißernte in Kansas. Es ist noch nicht lange her, daß mir ein Freund einen amerikanischen Zeitungsartikel zeigte, der behauptete, daß die Umstellung amerikanischer Thermometer von Fahrenheit auf Celsius ein teuflischer Plan der Roten sei!

Meine erste Reise in die Vereinigten Staaten unternahm ich auf Einladung einer Organisation, die – was ich nicht wußte – völlig vom Kampf gegen den Kommunismus besessen war. Bei ihrer Konferenz in einem der Weststaaten Amerikas entdeckte ich, daß diese Leute gar keine Vorstellung hatten, *wofür* sie eigentlich waren, sie wußten nur, *wogegen* – nämlich gegen die Kommunisten. Weil ich dafür bekannt war, daß ich Bibeln hinter den Eisernen Vorhang schmuggelte, nahmen sie wohl an, ich würde ihnen eine flammende Rede gegen den Kommunismus halten. Als ich das ablehnte, regten sie sich gewaltig auf, und zwar dermaßen, daß sie mich einfach an Ort und Stelle im Stich ließen, ohne mir auch nur das Geld für den Rückflug nach Holland zu geben. Ich mußte mich ohne Geld in einem Hotel einnisten, bis meine Frau mir soviel schickte, daß ich nach Hause fliegen konnte. Mein Geld reichte gerade für eine Packung Yoghurt täglich, die ich in meinem Zimmer verspeiste, wobei ich das untere Ende meiner Zahnbürste als Löffel verwendete. Was für ein erster Eindruck von Amerika!

David Adeney, einer der führenden Leute der christlichen Kirche in China, der die kommunistische Machtübernahme miterlebte, hat gesagt: »Den Kommunismus ganz und gar schwarz zu malen und dabei seine ganz realen Leistungen nicht zu würdigen, verschließt jeder sinnvollen Weitergabe des Evangeliums nur die Tür.« Ich stimme dem zu und halte es für ganz und gar unkonstruktiv, wenn man seine ganze Zeit damit verbringt, den Kommunismus als politsches System zu bekämpfen. Es gibt viel zu viele von Menschen erdachte Systeme, die grausam und böse sind, als daß man sich auf ein Vorgehen gegen den Kommunismus allein beschränken könnte.

Irgendwie erwartet man von mir, ein vehementer Antikommunist zu sein, dabei habe ich weder Zeit noch Neigung, einen Kreuzzug gegen den Kommunismus zu führen. Ich bin nicht antikommunistisch; ich bin prochristlich. Ich bin für die Menschen. Gott hat mich dazu berufen, den Menschen das Evangelium zu bringen, und was immer zwischen sie und mich tritt, ist mein Feind.

Dennoch dürfen wir die Augen nicht vor der Tatsache verschließen, daß der Kommunismus hart an der Revolution in Afrika arbeitet. Moskau, Peking und Havanna – sie alle rühren bis zu den Ellenbogen im afrikanischen Topf. Je klarer wir in diesem entscheidenden Punkt sehen, desto klarer erkennen wir auch, um was es bei der Schlacht um Afrika eigentlich geht. Die afrikanische Krise läßt sich ohne Kenntnis der historischen Ereignisse, die zu ihr geführt haben, nicht wirklich verstehen. Sie ist Teil eines größeren Musters internationaler Agitation und Gewalt, entstanden und inspiriert durch den beharrlichen Kampf des Kommunismus gegen die Kirche. In allen möglichen Aktivitäten läßt sich das Vermächtnis von Marx und Lenin erkennen:

MILITÄRTRUPPEN. Gut zwölftausend Mann kubanische Kampftruppen, die von Rußland gelieferte Waffen einsetzen, haben größere Siege für die MPLA erfochten, die angolanische Befreiungsfront, die jetzt den größten Teil dieses Landes beherrscht. Man weiß, daß zur Zeit kubanische Kampftruppen in Kongo-Brazzaville, Tansania, Äquatorialguinea, Somalia, Guinea, Sierra Leone, Südjemen und Mosambik stehen. Zusätzlich helfen Militärberater, die Truppen von mindestens einem Dutzend anderer afrikanischer Staaten auszubilden und zu leiten.

WAFFEN UND FINANZHILFE. Die Waffenlieferungen von Rußland und China an afrikanische Entwicklungsländer haben einen enormen Umfang erreicht. Ein kürzlich veröffentlicheter CIA-Bericht zeigte, daß über neuntausend sowjetische und chinesische Militärtechniker und fast vierzigtausend Wirtschaftsberater von diesen Ländern an afrikanische Staaten »ausgeliehen« worden sind. Das summiert sich zu einer erschreckenden kommunistischen Präsenz in diesen Ländern, wobei die meisten dieser Berater aus China kommen. China ist auch in bezug auf Wirtschaftshilfe führend: 55 Prozent seiner gesamten Auslandshilfeverpflichtungen gingen 1975 nach Afrika.

PROPAGANDA. Kommunistische Bücher, Broschüren und Magazine sind in manchen afrikanischen Ländern viel leichter erhältlich als christliches oder im Westen gedrucktes Material. Tausende hauptberuflicher Schriftenverteiler sind auf dem ganzen Kontinent damit beschäftigt, billigen Lesestoff in Umlauf und zugleich ins Gespräch zu bringen. Eine erschreckende Wiederholung der alten Geschichte: christliche Missionsschulen, die die Menschen lesen lehren – Kommunisten, die ihnen Lesestoff geben. Auch andere, größere Projekte gehören zur Propagandaaktion, zum Beispiel eine Vier-Millionen-Dollar-Kurzwellenstation, die die Chinesen vor ein paar Jahren bei Dar es Salam, der Hauptstadt von Tansania, gebaut haben. Sie ist mit einem weitreichenden Hundert-Kilowatt-Sender ausgerüstet, um Propaganda in den afrikanischen Eingeborenendialekten nach Mosambik, Rhodesien und Südafrika auszustrahlen.

AKADEMISCHE AUSBILDUNG. Der vielleicht erschreckendste Beweis kommunistischer Präsenz in Afrika ist die Politik, afrikanische Studenten an ausländische Universitäten zu »exportieren«. Einer dieser Studenten, den ich an der Karl-Marx-Universität in Leipzig kennenlernte, deutete mir an, auf welche hinterlistige Weise viele davon angeworben werden. Er stand als Junge kurz vor dem Abschluß einer Missionsschule in Südwestafrika und besuchte eine Versammlung, die ein ostdeutscher Anwerber abhielt. Nachdem dieser seine Rede gehalten und eine Einladung zur freien akademischen Ausbildung als »Gast« der ostdeutschen Regierung ausgesprochen hatte, erklärte er sich bereit, Fragen aus der Gruppe zu beantworten. Der erste Student meldete sich. »Wie steht es mit der Religionsfreiheit in Ihrem Land?« fragte er. »Wir kommen alle von christlichen Schulen und möchten unsere Religion weiterhin ausüben.«

»Kein Problem«, log der Werber. »Wir sind ein christlicher Staat.

In unserm Land ist die protestantische Kirche entstanden. Sie werden in Leipzig völlige Religionsfreiheit haben.« Und dann schloß er, um die schwarzen Studenten noch mehr in Sicherheit zu wiegen, die Versammlung mit einem Gebet und brachte auf diese Weise geschickt alle weiteren Fragen über christliche Freiheit zum Verstummen.

Nach der Versammlung sagte der junge christliche Student zu dem Werber: »Wissen Sie, Ihr freundliches Angebot hört sich wirklich gut an. Bitte lassen Sie mir zwei Tage, um nach Hause zu gehen und mit meiner Familie und dem Pastor darüber zu sprechen.«

»Das tut mir sehr leid«, erwiderte der Werber, »aber es ist unmöglich. Wir haben keine Zeit für Unentschlossene. Entweder reisen Sie morgen ab, oder das Angebot hat sich erledigt. Entweder jetzt oder nie.«

Die Chance einer freien Universitätsausbildung war für diesen ehrlichen jungen Afrikaner so phantastisch, daß er zugriff. Aber als er nach Ostdeutschland kam, gab es keine Religionsfreiheit für ihn und auch keinen Weg, das Land wieder zu verlassen. Nach Afrika konnte er nur zurück, wenn er den Flug selbst bezahlte, und es war für ihn als im Land lebenden Ausländer illegal, Dollars zu besitzen – und da saß er nun. Ich habe nie erfahren, ob, wann und wie er hinausgelangte.

In Bulgarien traf ich eine Gruppe junger Männer, die man auf ähnliche Weise in Ghana angeworben hatte. Sie kamen in Bulgarien an und begannen auf meine Einladung hin eine protestantische Kirche zu besuchen und dabei Dutzende von Kommilitonen mitzunehmen. Dann schlugen die Behörden zu. »Wir haben euch hierhergebracht, um zu studieren, nicht um in die Kirche zu gehen«, hieß es. Als die Studenten protestierten, daß man ihnen den Gottesdienst gestattet hätte, begann die Universität, Vorlesungen an Sonntagen während der Kirchgangszeit anzusetzen. Die Studenten verweigerten die Teilnahme. Daraufhin stellte die Universität die gesamte Heizung in den Schlafsälen ab – im kalten bulgarischen Winter –, aber immer noch gaben die Studenten nicht nach. Endlich schickten die kommunistischen Behörden dann ein Charterflugzeug und transportierten die Anführer der Protestaktion – siebzig Personen – zurück nach Ghana.

Rußland hofft, daß es sich für die UdSSR lohnt, afrikanischen Studenten ein unentgeltliches Studium zu gewähren, und das trifft auch zu. Aber dadurch erhalten auch viele afrikanische Studenten einen Einblick in das sowjetische »Arbeiterparadies«, der manche von ihnen ebenso abstößt, wie er andere anzieht. Ständig hört man von afrikanischen Studenten, die in Rußland auf eben jenen Rassismus und jene Unterdrückung stoßen, die die Russen dem Westen so heftig vorwerfen. Einmal durchbrachen siebenhundert ghanesische Studenten eine Polizeiabsperrung und eilten auf die Kreml-Tore zu, um dort bitterlich gegen Rassendiskriminierung durch russische Behörden zu protestieren. Sie trugen Plakate mit den Aufschriften »SCHLUSS MIT DEN AFRIKANERMORDEN« und »RUSSISCHE FREUNDSCHAFT«, mit Totenkopf und gekreuzten Knochen darunter. Ein anderes Mal kamen 29 Kenianer von der Universität Baku, Rußland, zurück und erzählten von Kälte und Hunger, pausenloser Propaganda und »unerträglicher Diskriminierung«.

Als ich vor so viel Jahren in Sofia den ersten mosambikanischen Studenten kennenlernte, hatte ich keine Ahnung, in welchem Riesenumfang die Russen und Chinesen dieses Programm betrieben. Im vergangenen Jahr waren 14895 schwarzafrikanische Studenten an Universitäten in kommunistischen Ländern eingeschrieben – davon zwei Drittel in Rußland. Sie alle hatten Stipendien ihrer Gastländer. Eine Notiz im Bericht der Regierung gibt 1976 an: »Absolventen kommunistischer Universitäten fangen an, in ihren Heimatländern einflußreiche Stellungen einzunehmen, vor allem in Afrika.« Nach und nach erweist das Programm trotz der gelegentlichen Proteste und Fehlschläge seine Wirkung.

BEFREIUNGSBEWEGUNGEN. Keine andere Form kommunistischen Engagements in Afrika hat auf den Kampf um den Kontinent eine so unmittelbare und heftige Auswirkung wie die Unterstützung von Befreiungsbewegungen und revolutionären Fronten in verschiedenen Ländern. Die Taktik ist simpel: bei Kleinkriegen, gleichgültig, wo sie gerade ausbrechen, wird eine Seite mit Geld, Waffen und Hilfsmaßnahmen überschüttet, und wenn diese Gruppe die Macht fest in der Hand hat, wird als Gegenleistung »Freundschaft« gefordert. Ein Erdteil, wo während der letzten dreißig Jahre so viele Menschen legitim und leidenschaftlich um ihre Freiheit gekämpft haben, ist ein fruchtbares Feld für die kommunistische Berieselung. Das Vokabular des Kommunismus vermischt sich leicht mit den Schlagworten der nationalen Befreiung. Erst wenn der Krieg vorbei ist, entdeckt der »Freiheitskämpfer«, daß sein revolutionärer Genosse, ob Russe oder Chinese, selbst ein gieriger, unbarmherziger Sklaventreiber ist.

In *Angola* unterstützten Rußland und Kuba die MPLA. Diese Partei hat ihre Opposition im Land praktisch ausgemerzt, obwohl sie nur etwa 20 % der Angolaner repräsentiert.

In *Südwestafrika* nennt sich die Befreiungsfront SWAPO und führt ebenfalls einen ständigen Guerillakrieg, weitgehend mit russischer Hilfe.

Kinder in *Tansania* kommen von der Schule nach Hause und singen ein Lied, das ihnen nationalistische Lehrer beigebracht haben: »Töte deine Mutter! Töte deinen Vater!« Dies ist ein Hinweis auf den Zusammenbruch tansanischen Familienlebens, eine Begleiterscheinung des allesdurchdringenden chinesischen Einflusses in diesem Land. Familien werden von der Revolutionsregierung, die zudem Zehntausende chinesischer Arbeiter ins Land gebracht hat, zwangsweise in »Neuzuzugsgebiete« umgesiedelt.

In *Mosambik* wurde 1975 die portugiesische Kolonialregierung von der FRELIMO (Front für die Befreiung Mosambiks) gestürzt. Die FRELIMO begann ihren Kampf vor zwanzig Jahren, mit nur 250 Mitgliedern, gegen eine wohlausgerüstete portugiesische Armee von 40000 Soldaten. Die Bewegung erhielt ständigen Zufluß von Geld und Waffen von Chinesen und Russen und errang schließlich auch die Unterstützung der mosambikanischen Massen. Ausgehend vom Guerillakrieg erlangten sie die offene Herrschaft des Landes.

Der Nationalismus selbst ist nichts Schlechtes. Es ist nichts gegen einen Angolaner oder Mosambikaner zu sagen, der sein Land lieber von Angolanern oder Mosambikanern regiert haben möchte anstatt von Europäern in irgendeiner weitentfernten Hauptstadt. Es ist ganz natürlich für einen jungen Schwarzafrikaner, einen Staat zu fordern und anzustreben, der von Angehörigen des eigenen Volkes regiert wird. Aber nur allzu oft funktioniert es in Afrika nicht so. Zu oft bewirkt die Revolution nur einen Personalwechsel der Sklaventreiber und keine Abschaffung der Sklaverei.

Wenn aber eine nationalistische Regierung zur Feindin der Kirche wird, wenn sie den Menschen den Zugang zu Gott abschneidet und sich der freien Ausübung von christlichem Gottesdienst und Zeugnis widersetzt, dann ist sie von Übel und muß bekämpft werden! So sehr wir auch mit dem Haß gegen den Imperailismus sympathisieren mögen – die Unterdrückung des Evangeliums können wir nicht unterstützen.

Bei liberalen Weißen im Westen – auch bei vielen Christen – besteht eine starke Tendenz, die Befreiungsbewegungen in Entwicklungsländern derart zu verherrlichen, daß sie gar nicht mehr darauf achten, ob vielleicht diese Bewegung die Menschen weiter von Gott entfernt. Ein Regime, das Christen verfolgt und inhaftiert, ist schuldig, ob es nun im Namen des schwarzen Nationalismus oder im Namen des marxistischen Kommunismus handelt. Die betrübliche Wahrheit ist, daß viele Befreiungsbewegungen der Revolution ihre Seele verkauft haben.

In ihrer verständlichen Wut und Frustration nach vielen Jahren der Unterdrückung und Rassendiskriminierung gaben sie nur zu oft ihren eigenen Horror an diejenigen weiter, die zu retten sie ausgezogen waren. Allzu oft ist es ihr Vermächtnis an den afrikanischen Erdteil gewesen, die Tradition von Gewalttätigkeit und Blutvergießen auf eine neue und noch brutalere Weise fortzusetzen.

Der vielleicht erste dieser blutigen Bürgerkriege entzündete sich im Kongo (dem heutigen Zaire), als die belgischen Behörden abzogen und Patrice Lumumba die Macht zu übernehmen begann. Ein Dokument der Vereinten Nationen gibt Einblick in Lumumbas vertrauliche Instruktionen an die Führer der Kongoprovinzen:

»Terrorismus ist unvermeidlich, um die Bevölkerung zu bändigen. Verhaftet alle Angehörigen der Opposition. Steckt die Minister, Abgeordneten und Senatoren ins Gefängnis. Verschont sie nicht, führt die Prügelstrafe wieder ein. Erniedrigt diese Häftlinge. Zieht sie zum Beispiel nackt aus, möglichst vor ihren Frauen und Kindern. Diejenigen, die im Gefängnis nicht zerbrechen, sollten nicht vor einem Jahr wieder freigelassen werden.«

(Die westliche Welt beantwortete das Blutvergießen im Kongo damit, daß sie ihr eigenes grausames Gesicht zeigte. Die Vereinten Nationen errichteten ein Internierungslager in Katanga und inhaftierten dort Tausende von Angehörigen des Balubastamms, deren einziges Vergehen zumeist darin bestand, zum »falschen« Stamm zu zählen. Vierzigtausend Zivilisten wurden in ein einziges Lager gepfercht, in dem es nicht einmal ein Entwässerungssystem gab. 1500 Tonnen Fäkalien sammelten sich an. Tausende von den Insassen starben in den ersten drei Monaten.)

Für Grausamkeit gibt es in Afrika kein Monopol. Keine Rasse, keine politische Gruppe kann saubere Hände vorzeigen. Es ist ein Erdteil, dessen bewegte Geschichte bei Weißen und Schwarzen, Kolonialisten und Revolutionären, Fremden und Eingeborenen die häßlichsten menschlichen Eigenschaften zu Tage gefördert zu haben scheint. Im modernen Afrika ist es unmöglich, sich auf eine Seite zu schlagen, weil diese ganz im Recht wäre. Keine der vielen Gruppen scheint das zu sein. Die Verantwortung der Christen liegt eher darin, von jeder Regierung und Bewegung zu fordern, daß sie ihrem Volk die Freiheit gibt, Gott zu suchen und das Werk seines Reichs zu tun.

Eine Minderheit übernimmt die Führung

Wenn ich sehe, wie der Kommunismus stetig und unerschütterlich in Afrika einmarschiert, muß ich daran denken, wie ich einmal an der Universität von Alberta, Kanada, sprach. Ich hatte eine Rundreise zu amerikanischen Colleges gemacht, zu Versammlungen, die jeweils die örtlichen christlichen Studentenverbindungen veranstalteten. Nach meinem Vortrag gab ich, wie ich das immer mache, Gelegenheit zu Fragen. Sofort standen zwei junge Männer auf und kamen aus dem hinteren Teil des Saals zu den beiden Mikrophonen, die vor dem Podium aufgestellt waren. Es waren zwei langhaarige, bärtige Typen, auf eine Art gekleidet, die sie damals noch als Radikale auswies. Im Geiste sagte ich schnell ein Gebet, weil ich schon ahnte, daß sie Ärger machen würden. Unverzüglich stürzten sie sich in eine lange Attacke gegen das Christentum, eine bittere Schmährede, die die Christen als Rassisten und Imperialisten verdammte. Zugleich priesen sie die Vorzüge von Marxismus und Maoismus. Sie wechselten sich beim Reden ab.

Ich unterbrach sie und sagte, sie hätten nun ihre Redezeit erschöpft und sollten anderen Studenten die Möglichkeit geben, auch ihrerseits Fragen zu stellen. Es waren Hunderte von christlichen Jugendlichen anwesend, aber meine Aufforderung stieß auf betretenes Schweigen. Die jungen Christen hatten Angst! Ich bat sie beinahe flehentlich, ans Mikrophon zu kommen und Fragen zu stellen, um die Aufmerksamkeit von den beiden Radikalen abzulenken. Aber niemand rührte sich. Die beiden Kommunisten fingen wieder an, und ich konnte nichts tun, sie daran zu hindern. Sie waren im Begriff, die ganze Versammlung an sich zu reißen.

Und dann, gerade als die Situation ausweglos zu erscheinen begann, standen zwei Studenten, ein schwarzer und ein weißer, auf und kamen zu den Mikrophonen. Jeder stelle sich neben einen der Marxisten. Der schwarze Student redete als erster. »Ich bin aus Nigeria«, fing er an. »Ich möchte gern diese Gelegenheit wahrnehmen, um den Christen zu danken, die nach Afrika gekommen sind, um uns von Jesus Christus zu erzählen. Wären sie nicht gekommen, wäre ich nicht hier an dieser Universität. Ich wäre noch immer ein Wilder und ein Heide. Ich wäre auf immer verloren, und ich bin dankbar dafür, daß die Missionare kamen, um uns von dieser gottlosen Revolution abzubringen.« Der Radikale neben ihm betrachtete stumm seine Füße.

Unmittelbar danach begann der weiße Student. Er war ein Flüchtling aus Osteuropa. »Wegen des unerträglichen Drucks durch den Kommunismus war ich gezwungen, aus meinem Land zu fliehen«, sagte er. »Jetzt habe ich in diesem christlichen Land die Freiheit, alles zu tun, was ich dort, wo ich geboren bin, nicht konnte.« Es war großartig. Er fuhr fort, vom Kommunismus und der Unterdrückung des Volks zu erzählen und endete mit den Worten: »Ich bin froh, in einer freien Gesellschaft zu leben, wo jeder reden kann, auch der Marxist; denn in meiner marxistischen Heimat wurde jeder, der laut etwas gegen den Marxismus sagte, eingesperrt.« Als er fertig war, brach die Menge in donnernden Applaus aus, und die radikalen Studenten drehten sich wortlos um und rannten fast aus dem Hörsaal.

Ein schlagendes Beispiel für eine winzige kommunistische Minderheit, die vor Hunderten von Christen eine Situation aggressiv an sich reißt – nur weil sie eine Zeitlang keiner herausfordert! Zwei Marxisten jagen vierhundert Christen ins Bockshorn und schaffen es beinahe, sich in deren Versammlung einzudrängen und sie zu beherrschen. Und fast haben sie Erfolg! Nicht ihrer größeren Stärke wegen, sondern wegen der Schwäche der Christen, der schweigenden Mehrheit. Sie rührten sich. Sie handelten. Sie suchten nach der schwachen Stelle, und beinahe gelang ihnen der Sieg. Zwei Außenseiter, einer aus Europa und einer aus Afrika, waren nötig, um die Sache zum Guten zu wenden.

Wenn die Kommunisten Afrika für sich gewinnen, wird es auf die gleiche Art geschehen – sie werden aggressiv sein, während wir passiv sind; sie werden ihre Behauptungen aufstellen, während wir still sind; sie werden in das Vakuum vorstoßen, während wir uns fürchten, vorwärtszugehen.

Ich bestreite die Behauptung, der Kommunismus sei Kirchenfeind Nummer Eins. Es gibt einen weit größeren Feind. Die Kirche kann unter jedem politischen Regime überleben – aber nicht im Zustand der Apathie. Sie ist ihr größter Gegner.

Die Schlacht können nur die gewinnen, die auch bereit sind zu kämpfen!

7. Wie man eine Kirche zerstört

Der Grund dafür, daß wir uns der Ausbreitung der Revolution in Afrika widersetzen müssen, ist ganz einfach: weil die Revolution die Kirche zu zerstören versucht.

Vielleicht erscheint Ihnen das recht simpel, aber verblüffend viele Christen glauben nicht daran. Vor allem außerhalb der traditionellen christlichen Länder Europas und Nordamerikas haben viele Leute etwas dagegen, daß die Kirche einen Kampf gegen den Kommunismus führt. »Stimmt es denn nicht, daß die christliche Botschaft unpolitisch ist«, sagen sie, »und sich darum mit jedem politischen System verträgt?« – »Kann ein Christ denn kein guter Sozialist oder Kommunist sein?« argumentieren sie. »Warum regt ihr euch so über die Kommunisten auf, die nach Afrika kommen? Warum predigt ihr nicht einfach das Evangelium und befaßt euch nicht weiter mit der politischen Lage?«

Lassen Sie mich noch einmal klarstellen, daß ich mich nicht etwa gegen den Kommunismus als politisches oder wirtschaftliches System wende. Ich bin gegen ihn, weil er sich weltweit gegen die Kirche verbündet. Der Kommunismus als Wirtschaftstheorie ängstigt mich nicht. Es ist der Kommunismus als Religion, der gefährlich ist – und genau das ist der Kommunismus: eine Religion, die darauf gerichtet ist, sich Verstand und Gefühl der Menschen zu eigen zu machen. Wo immer er sich ausbreitet, verdrängt er andere Religionen und Ideologien. Er hat seine eigene Falschmünze für fast jede christliche Lehre und Praxis. Er verfügt über mehrere Messiasfiguren – Marx, Lenin und Mao. Er hat eine Bekehrungslehre – das Bereuen von Sünden »wider das Volk« – und der Hingabe an die Sache der Revolution. Er besitzt eine eigene Sammlung von »heiligen Schriften« – Maos »Rotes Buch« und die Werke von Marx und Lenin. Er hat eine Evangelisationstradition – den Drang zur Weltrevolution, der russische, chinesische und kubanische Jugendliche auf der ganzen Welt für sich arbeiten läßt.

Der revolutionäre Kommunismus ist aber nicht bloß eine Religion, sondern als solche zudem extrem intolerant. Er bekämpft jede andere Überzeugung mit unermüdlicher Härte und macht so die christliche Kirche zu seiner beharrlichen Feindin. Er versucht, das kirchliche Leben abzuwürgen, weil er ganz richtig den christlichen Glauben als einzige Macht der Welt erkannt hat, die ihn schlagen könnte.

Ich bin entsetzt über den europäischen und amerikanischen Trend, die Revolution als einen zahmen und zahnlosen Gegner zu verharmlosen. Die Entspannungspolitik hat uns eingeschläfert. Es ist nicht mehr modern, sich gegen die kommunistische Bedrohung zu stellen. Selbst in unseren Kirchen versichert man uns, daß hinter dem Eisernen Vorhang jetzt »alles viel besser« ist, daß die dortigen Christen nicht mehr so viel zu leiden haben, daß das ganze Gerede von Bibelschmuggeln und Gebeten für gefangene Christen nichts weiter ist als romantischer Unsinn. Neulich hörte ich die Tonbandaufnahme einer in einer Baptistenkirche in Texas gehaltenen Rede. Drei russische Geistliche waren dort, die den Zustand der Kirche hinter dem Eisernen Vorhang schilderten. Sie versicherten dem Publikum feierlich, daß es in Rußland keine Christenverfolgung gebe, jeder die Freiheit zur Ausübung der gewählten Religion habe und es unnötig sei, Bibeln ins Land zu schmuggeln.

Als ich dieses Band hörte, empfand ich tiefes Mitleid mit diesen drei Geistlichen, weil ich den Druck kenne, unter dem sie stehen. Ich weiß, daß ihre Worte eine politische Lüge waren und daß sie, aus welchen Gründen auch immer, die Wahrheit in erbärmlicher Weise verrieten. Ich verurteile diese Männer nicht. Sie sind, soweit ich das beurteilen kann, Opfer und keine Verbrecher. Tag für Tag leben sie unter den Augen der sowjetischen Polizei, während ich bequem in der Freiheit Hollands sitze – wer bin ich also, daß ich über sie richten oder sie verurteilen sollte?

Aber ihre Botschaft, wo immer sie sie herhatten, ist nicht wahr. Ich bin dort gewesen, immer wieder, ein Dutzend Jahre lang, in Dutzenden von Städten und Dörfern; und ich weiß, daß die Kirche in kommunistischen Ländern unter großen Verfolgungen leidet – jetzt und heute, während Sie diese Worte lesen. Die Revolution ist ein Feind der Kirche. Sie ist es immer gewesen und wird es stets sein. Die Verwirrung über diesen Punkt, die im Westen – vor allem in Amerika – zu herrschen scheint, ist eine verhängnisvolle Entwicklung, die zu noch größeren Leiden unserer Brüder und Schwestern in totalitären Ländern beitragen wird.

Alexander Solschenizyn ist bestimmt kein naiver evangelikaler Sensationshascher. Ganz sicher muß man ihn als einen Mann akzeptieren, der glaubhaft die Zustände in seinem Land beschreibt. »Die Behörden bedrücken und verfolgen weiterhin die russische Kirche mit derselben arroganten, atheistischen Bosheit«, sagt er in *Solzhenitsyn's Religion*. »Sie tolerieren die Kirche nur insoweit, als sie zur politischen Dekoration gebraucht wird.« Das erklärt die gelegentlichen tröstlichen Berichte, die wir aus Rußland erhalten und in denen es heißt, es sei alles in Ordnung.

Aber merken Sie sich eins: Immer, wenn wir von einzelnen Kirchen oder Geistlichen hören, denen es unter der Revolution gut geht, ist das ein Beispiel für die »politische Dekoration«, von der Solschenizyn spricht.

Die Not der großen Mehrzahl der Christen ist so groß wie schon immer.

Die Gebete christlicher Brüder und Schwestern sind die Rettungsleine der leidenden Kirche. Der Teufel weiß genau, daß die Kirche ihre wichtigste Kraftquelle verliert, wenn es ihm gelingt, die Christen der freien Welt davon zu überzeugen, daß es dort keine Probleme gibt und daß die Aufrufe zum Eintreten für verfolgte Christen ein Überbleibsel aus dem »Kalten Krieg« sind. Und so geht die Vernebelungskampagne gegen die Wahrheit weiter. Zum Beispiel hörte man vor kurzem die lautstark verkündete Nachricht, daß die rumänische Regierung 50000 Bibeln in Druck geben ließ. Aber es war alles nur Show. Was die Öffentlichkeit nicht erfuhr, war: daß die Bibeln in einer Sprache gedruckt wurden, die das einfache Volk nicht lesen kann, in einer für Protestanten gänzlich unannehmbaren Version – und daß jeder, der ein Exemplar bekam, sich polizeilich registrieren lassen mußte!

Solche Beispiele gibt es im Überfluß. Vor ein paar Jahren gaben die Russen bekannt, daß sechzig Baptisten vorzeitig aus der Haft entlassen würden. Sie verkündeten das, als verdiene es großen Beifall, zeigte es sie doch als äußerst menschenfreundlich. Aber vor dieser Verlautbarung hatten sie steif und fest behauptet, daß überhaupt keine Baptisten in Gefängnissen säßen! Und wer kann ihnen die wichtige Frage stellen: Wenn ihr sechzig gehen laßt, wie viele stecken dann noch hinter Gittern?

Ein anderes Mal hörte ich einen Sowjetoffizier prahlen: »Natürlich haben wir jede Menge Bibeln in Rußland! Erst letztes Jahr gestatteten wir der Bibelgesellschaft, über dreitausend Exemplare einzuführen.«

Und ich dachte: »Dreitausend Exemplare – in einem Land mit einer Viertelmilliarde Einwohner.« Und trotzdem können sie behaupten, daß ihre Regierung den Bibelimport nicht verbietet.

Die Vorstellung, daß der Kommunismus die Kirche nicht länger zu unterdrücken trachtet, ist von gefährlicher Ungenauigkeit. Wo immer eine revolutionäre Regierung an der Macht ist, herrschen mehrere Grundformen der Repression.

JUGEND. Die Regierung untersagt den Jugendlichen, in die Kirche einzutreten, bevor sie achtzehn sind, und verbietet Konfirmationsunterricht und christliche Bildungsprogramme. In China dürfen Studenten an staatlichen Universitäten nicht einmal ein Tischgebet sprechen und werden schließlich sogar von Stipendien ausgeschlossen, wenn sie ihrem Glauben nicht abschwören.

LITERATUR. In vielen Ländern verstößt christliche Literatur gegen das Gesetz, in andern ist zwar der Besitz nicht illegal, wohl aber die Veröffentlichung oder Einfuhr. In Polen darf beispielsweise die Kirche nur ein religiöses Buch pro Jahr erscheinen lassen. In zahlreichen Staaten verstreut man ostentativ ein paar Bibeln in den wichtigsten Touristenstädten, aber gar keine in den kleinen Orten, wo die meisten Menschen leben und viel leichter zu kontrollieren sind. In Rußland sind alle Druckmaschinen Staatseigentum, und eine christliche Gruppe, die kürzlich beim Betrieb einer kleinen Presse gefaßt wurde, sitzt noch immer deshalb hinter Gittern.

GOTTESDIENST. An den meisten Orten dürfen die Kirchen geöffnet bleiben, werden aber in ihrem Wirken erheblich beschnitten. In Rumänien verstößt mehr als ein wöchentlicher Gottesdienst gegen das Gesetz. In Vietnam sind seit der kommunistischen Machtübernahme die Kirchen auf eine einstündige Versammlung pro Woche beschränkt. Und selbst dann wird der Gottesdienst häufig gestört oder von der Polizei geschlossen, vor allem dann, wenn sich in dem betreffenden Gebiet ein erkennbarer Geist der Erneuerung zeigt. Solange die Gemeinde nur aus einer Gruppe älterer Leute besteht, die sich ruhig miteinander treffen und keine neuen Anhänger werben, wird der Staat sie wahrscheinlich ungeschoren lassen und dann der Welt verkünden, daß er völlig freie Religionsausübung gestattet.

Verfolgung in Afrika

Es gibt schlagende Beweise dafür, daß in Afrika die Revolution dem vorhersehbaren Muster folgt. Sobald die Revolution ein Land erobert, wird die Kirche in den Schraubstock der Unterdrückung und Verfolgung gespannt.

In *Uganda* betreibt die Regierung Idi Amin den Mord und die Verfolgung von Christen im großen Stil. Die meisten christlichen Schulen sind geschlossen, oder die Regierung hat sie übernommen. Noch arbeitet die Kirche, aber sie ist durch den Mangel an Fahrzeugen und Ausrüstung daran gehindert, Bibeln in das Buschgebiet zu schaffen, in dem ein Großteil des Volkes lebt. Ein Leiter der Bibelgesellschaft in Kampala sagte im Scherz zu mir: »In meiner Bibel habe ich gelesen, daß die Tiere auf den Bergen zu Tausenden Gott gehören (Psalm 50,10). Ich wünschte, er könnte ein paar von seinen Tieren verkaufen und uns dafür Autoersatzteile schenken!«

Die Kirche in *Angola* ist vor kurzem völlig geschlossen worden, scheint jetzt aber wieder ihre Arbeit aufzunehmen. Die unter kubanischer Führung stehende MPLA arbeitet nach einem altbekannten revolutionären Muster. Abwechselnd schikaniert man die Kirche oder läßt sie völlig unbeachtet. Auf diese Weise erzeugt man Furcht und Spannung.

Die Christen in *Ruanda* sind erheblich in ihren Möglichkeiten beschnitten. Der Präsident des Landes ist Katholik, aber trotzdem dürfen die Studenten nicht einmal in der Hauptstadt sonntags in die Kirche gehen.

In *Mosambik* hat der Sturz der Regierung durch die revolutionäre FRELIMO schwere Verfolgungen mit sich gebracht. Man schätzt, daß 150 Missionare in Gefängnisse geworfen wurden. Alle Missionsschulen sind verstaatlicht, christliche Feiertage hat man aus dem Kalender gestrichen. Eine offizielle Äußerung der Regierung erklärte: »Das Volk muß begreifen lernen, daß zur Kirche zu gehen oder den Predigten der Missionare zu gehorchen bedeutet, gegen Mosambik zu arbeiten und imperialistischen Kräften zu dienen.«

Neulich hörte ich über Tonband von einem schwarzen Christen aus Mosambik, den man verhaftet hatte, weil er auf der Straße evangelistische Traktate verteilte. Anderthalb Jahre saß er im Gefängnis und wurde erst vor kurzem freigelassen. Es gelang ihm, einen kleinen Teil der Bibel mit ins Gefängnis zu schmuggeln, und er bezeugte, daß durch diesen Teil der Heiligen Schrift – das Buch Jeremia – Gott die Zeit in der Haft zu einer Zeit großen geistlichen Wachsens für ihn machte. Als man ihn verhaftete, trug dieser Mann ein T-Shirt mit der christlichen Parole »One Way«, und seine Mitgefangenen gaben ihm den Spitznamen »One Way«. In diesen anderthalb Jahren führte er viele von ihnen zu Christus.

Im *Sudan* wurde der einzige religiöse Verlag des Landes von der Regierung geschlossen. Für alle kirchlichen Versammlungen muß eine Genehmigung beantragt und eine Liste derjenigen eingereicht werden, die daran teilnehmen wollen. In vielen Bezirken ist der Konfirmandenunterricht verboten, es sei denn, man habe eine besondere Erlaubnis.

In *Äquatorialguinea*, unter einer fast gänzlich marxistischen Regierung, sollen Berichten nach seit 1971 fünftausend Menschen ermordet worden sein, die meisten aufgrund ihres christlichen Glaubens. Die Mehrzahl der Kirchen wird heute als Warenhäuser benutzt, die religiöse Erziehung wurde eingestellt und den Geistlichen verboten, Kritik an der Regierung zu äußern.

Um vorauszusagen, was geschieht, wenn die Revolution den Kontinent überrennt, brauchen wir nur zu betrachten, was in Südostasien geschah. John Kearn hat die heimtückische und geschickte Demontage der Kirche dort gesehen und schildert einen Gang der Ereignisse, der traurig und bekannt ist. Zunächst sind die Revolutionäre mit der Fortführung der Gottesdienste einverstanden, beharren aber darauf, daß als Gegenleistung die Christen außerhalb der Kirche nicht über Religion sprechen dürfen. Es gibt kein Zeugnis mehr. Häusliche Zusammenkünfte werden unmöglich. »Wir sind ja einsichtig«, heißt es. »Wir gestatten euch den Gottesdienst in der Kirche – aber um euren Anteil an dem Handel zu erfüllen, dürft ihr euch nicht in den Häusern treffen.« Dann verringern sie die Zahl der erlaubten Versammlungen und fangen an, die Namen der Teilnehmer aufzuschreiben. Diese Leute verlieren nach und nach ihre Arbeit und werden von der Regierung schikaniert.

Nach ein paar Monaten sagen sie: »Wir haben die Banken und die Industrie verstaatlicht. Wir wollen nun auch die Kirche verstaatlichen, um zu zeigen, daß wir mit ihr zusammenarbeiten.« Also wird die Kirche auf den Staat umgeschrieben – »nur pro forma«, wie man ihr versichert –, und ein Regierungsbeamter wird zum »Präsidenten« der Kirche ernannt, um sie zu beaufsichtigen (schließlich gehört sie jetzt dem Staat). Sehr bald verkündet dieser Mann dann, daß alle Geistlichen bei der Regierung zu registrieren sind und die christliche Literatur eingeschränkt werden muß, weil sie ein Überbleibsel aus den alten Tagen des Kolonialimperialismus ist. Und wieder etwas später fangen die Kinder an, aus der Schule zu kommen und bekannte Kirchenlieder zu singen – mit neuen, revolutionären Versen. Schließlich erhebt irgendein mutiger Christ seine Stimme dagegen und klagt den Staat öffentlich an, weil er die Kirche bekämpft. Er wird verhaftet und für zwei Jahre in ein Arbeitslager gesteckt. Anklage: subversive Tätigkeit gegen die Regierung. Und zuletzt gibt der sogenannte Präsident der Kirche bekannt, daß die Mission im Dorf geschlossen wird, damit der Staat das Gebäude nutzen kann. »Nur keine Aufregung«, versichert er den Dorfbewohnern, »es gibt selbstverständlich noch eine Kirche, wo ihr zum Gottesdienst gehen könnt, nur siebzig Meilen von hier in der Großstadt, einmal wöchentlich.« Und bis dahin gibt es keine Gegenstimme mehr.

Kann das passieren? Alle diese Ereignisse, und noch mehr, geschahen in *nur einem Jahr*: 1976 in Laos.

Irren Sie sich nicht. Die Revolution zerstört noch immer die Kirche, wo immer sie dazu die Macht hat.

8. Das blutigste Schlachtfeld

In der Schlacht um Afrika wird an vielen Orten gekämpft – und der blutigste von allen ist Ende der siebziger Jahre unseres Jahrhunderts das kleine, rundum von anderen Ländern eingeschlossene Uganda.

In Uganda ist die leidende Kirche etwas ganz Reales, eine alltägliche Angelegenheit. An jedem beliebigen Tag, an dem die Christen in Amerika und Europa sich hinsetzen und Gott für Speck und Eier zum Frühstück danken, wird höchstwahrscheinlich in Uganda ein Glaubensgenosse geschlagen, ins Gefängnis geworfen oder getötet, einfach weil er ein Christ ist.

Der heutzutage in Uganda herrschende Terror beweist aufs neue die rasende Geschwindigkeit, mit der sich in Afrika die Umstände ändern können. Bücher, die noch vor wenigen Jahren über Afrika geschrieben wurden, erwähnten Uganda nicht einmal als potentiellen Krisenherd. Es schien ein fortschrittlicher, relativ friedlicher Staat zu sein, in dem der Kommunismus offenbar wenig Anklang fand und die christliche Kirche bestens etabliert war. Uganda erschien als kühler Fleck auf der heißen Afrikakarte. Aber mit verwirrendem Tempo ist das alles anders geworden. Ein unerwarteter militärischer Coup. Übernahme durch eine grausame, anti-christliche Minderheit. Ein irrationaler Diktator namens Idi Amin. Und plötzlich werden die Kirche und Hunderttausende von Christen in eine Atmosphäre von Verfolgung und Angst versetzt.

Uganda ist ein Land von überwältigender Schönheit, gerade gebirgig genug, um seiner üppigen Tropenlandschaft Abwechslung und Farbe zu verleihen. Es liegt am Rande des Viktoria-Sees, der größten zusammenhängenden Süßwasserfläche des Erdteils. Dort einen einzigen strahlenden ugandischen Sonnenuntergang zu sehen, soll schon die Reise wert sein. Kampala, eine Stadt, die auf sieben Hügeln liegt wie Rom, ist jahrelang eine der führenden Hauptstädte Afrikas gewesen, ein moderner und wohlhabender Brennpunkt lokaler Aktivitäten und westlicher Investitionen. Die Stadt ist stolz auf die Makerere-Universität, lange Zeit die tonangebende (einst die einzige) Universität in Ostafrika. Der prachtvolle Wildbestand im Buschgebiet nördlich von Kampala galt stets als einer der schönsten Afrikas und hat viele Jahrzehnte Touristen aus der ganzen Welt angezogen.

Die Naturschönheiten Ugandas gibt es noch immer, gewiß, aber vieles von dem alten Uganda ist durch die gegenwärtigen Unruhen hinweggefegt worden.

In der Innenstadt von Kampala ist das einst pulsierende Leben der City praktisch zum Stillstand gekommen. Ein öffentliches Transportsystem, das einst mehrere Hundert Fahrzeuge zählte, ist, wie es heißt, auf etwa ein Dutzend betriebsfähige Busse im ganzen Land zusammengeschrumpft. (Ein Fußballplatz in Kampala ist voll mit defekten Bussen, die man nicht benutzen kann, weil Ersatzteile fehlen.) Die staatliche Kaffeeernte, lange Jahre Hauptausfuhrgut, bleibt ungepflückt. Ein großes, modernes Abfertigungsgebäude auf dem Flughafen Entebbe ist nichts als eine leere Hülle, fast verlassen und nur gelegentlich von einigen wenigen Fluggästen belebt, die durch große, ungenutzte Hallen wandern. Der ugandische Schilling verliert laufend an Wert, und viele Waren kann man nur noch mit schwarz gehandelter Auslandwährung erwerben.

In einer amerikanischen Zeitung wurde kürzlich ein Ugander zitiert: »Ich bedaure, daß Sie Uganda nicht vor ein paar Jahren sehen konnten. Es war ein so schönes Land. Vielleicht wird Uganda einmal neu geboren. Was Sie jetzt finden, ist nicht Uganda.« Darum sind die Europäer und anderen Ausländer aus Uganda geflohen; oft ließen sie ihr Eigentum zurück und verließen so zahlreich das Land, daß es dort jetzt nur noch einige hundert Weiße gibt. Die wenigen East-African-Airways-Flüge, die jede Woche den Flughafen Entebbe verlassen, befördern immer wieder westliche Fluggäste, die das Land endgültig verlassen.

Zurück bleiben zwölf Millionen Ugander, die nicht fliehen können. Sie bleiben zurück in einem Klima wachsender Furcht und Repression. Vor einigen Monaten reiste ich in aller Stille nach Kampala, um dort mit einigen Brüdern in Christus zusammenzutreffen. Ein ugandischer Geistlicher holte mich am Flugplatz ab. Ich passierte die Kontrolle mit einem »Besucher-Paß«, der meine Aktionsmöglichkeiten auf drei Tage »Besichtigungen« beschränkte. Wir begannen ein Gespräch, während er das Auto aus dem Flughafengelände steuerte. Plötzlich unterbrach er mich. »Die Polizei verfolgt uns. Sehen Sie einfach geradeaus und reden Sie ganz normal weiter. Nichts Aufregendes, aber es ist besser, wenn Sie Bescheid wissen.« Und obwohl er sich Mühe gab, sich zu entspannen und mich drängte, es auch zu tun, blieben Nervenanspannung und das Gefühl eines drohenden Unheils in dieser Stadt beständig konkrete Wirklichkeit.

Viele Unterhaltungen in Uganda finden dieser Tage im Flüsterton statt. »Die Leute verschwinden einfach«, sagte mit ein Ugander. »Sie verschwinden einfach, und niemand sieht sie je wieder.«

Der Baumeister dieses verhängnisvollen neuen Uganda ist ein Mann, der sich »Seine Exzellenz Al-Hadschie Feldmarschall Dr. Idi Amin Dada, Inhaber des Victoria-Kreuzes, des D.S.O.-Ordens und des Militärkreuzes, auf Lebenszeit Präsident von Uganda« anreden läßt. Für den Rest der Welt ist er »Big Daddy Amin«. Für viele Amerikaner und Europäer stellt er eine Witzfigur dar, einen Jux. Aber es ist leicht, aus der sicheren Entfernung westlichen Komforts über ihn zu lachen. Für die Christen in Uganda ist Idi Amin gar nicht komisch.

Amin ist ein großer, robuster Soldat, der mit einer Truppe von zwanzigtausend gut ausgerüsteten Soldaten Uganda beherrscht. Im Jahr 1971 wurde er Präsident, weil er die Regierung von Präsident Milton Obote stürzte, der heute in Tansania im Exil lebt. Amin pumpt Millionen Dollar in seine Armee, während das Land unter dem Zerfall der Wirtschaft zusammenbricht. Eine starke Geheimpolizei-Macht hilft ihm, am Ruder zu bleiben, indem sie Leute, die sich seiner Politik widersetzen, verhaftet oder umbringt und dabei nach Art der Gestapo mit anscheinend unbeschränkter Macht vorgeht. Schätzungen, wieviel Menschen Amins sogenannte »Sicherheitstruppen« getötet haben, schwanken zwischen hunderttausend und dreihunderttausend. Berichte von Folterungen dringen aus dem Land nach außen, von Massenhinrichtungen und täglich neuen Leichen, die von Kugeln durchsiebt den krokodilverpesteten Nil hinabtreiben.

Das Hauptangriffsziel in diesem Terror-Alptraum ist die christliche Kirche.

Amin ist Moslem und hat während der letzten Jahre bei der arabischen Welt militärische und finanzielle Unterstützung für seine in Schwierigkeiten steckende Regierung gesucht. Die Moslems stellen nur etwa sechs Prozent der ugandischen Bevölkerung – ein weiteres Beispiel für die Macht einer aggressiven Minderheit –, verglichen mit einer christlichen Mehrheit, die, vorsichtig geschätzt, bei sechzig Prozent liegt. Aber es sind Amin und die Moslems, die die Gewehre besitzen, und die Christen scheinen sich gegen den brutalen Moslem-Diktator nicht schützen zu können.

Wie so viel Gewalttätigkeit in Afrika, entspringen auch die ugandischen Verfolgungen teilweise der Stammesrivalität. Amins kleiner Stamm der Kakwa, bekannt für seine grausame und kriegerische Geschichte, ist ein traditioneller Feind der Acholi- und Langi-Stämme, zu denen die meisten besser ausgebildeten Geschäftsleute und Intellektuellen gehören. Die Acholi und Langi sind zudem überwiegend Christen, die Kakwa großenteils Moslems. Für westliche Außenstehende ist es leicht, die Bedeutung afrikanischer Stammesunterschiede in den aktuellen politischen Ereignissen zu unterschätzen. Aber für manche Afrikaner unserer Zeit ist die Stammestreue noch immer eine starke Macht, und im konkreten Fall trifft sie mit Amins antichristlicher Voreingenommenheit zusammen und erzeugt ein gefährliches Klima für Hunderttausende ugandischer Christen. Bis zum letzten Jahr haben die Führer der ugandischen Kirche diesen Zustand der Unterdrückung in ihrem Land nur ungern als »Verfolgung« bezeichnet. Vielleicht fürchteten sie Repressalien und noch größere Schwierigkeiten, sobald Amin von derartigen Aussagen erführe. Amin ist wegen seines negativen Images bei den Vereinten Nationen immer sehr empfindlich gewesen und hat auf Kritik an seiner Regierung äußerst herftig reagiert. Aber in den Jahren 1976 und 1977 verschlechterte sich die Lage für die Christen, und jetzt fliehen führende Angehörige der ugandischen Kirche in großer Zahl aus dem Land und verbreiten die Nachricht, daß es im heutigen Uganda gefährlich, ja tödlich sein kann, ein offen bekennender Jünger der Kirche Christi zu sein. Aber es gibt noch immer solche Jünger in Uganda, bekennende Christen, bereit, für das Reich Gottes alles aufs Spiel zu setzen.

Ein dramatisches Beispiel dafür ist Janani Luwum, der Erzbischof der (anglikanischen) Kirche von Uganda und höchster protestantischer Würdenträger war. Luwum war ein populärer Erzbischof. Er war 53 Jahre alt. Im November 1976 besuchte ich ihn in Kampala und sprach mit ihm darüber, daß Uganda mehr Bibeln brauchte. Damals bildete er Feldgeistliche für die ugandische Armee aus, und die religiöse Not von Amins Soldaten bedrückte ihn sehr. Wir schmiedeten Pläne, Zehntausende von Bibeln zu ihm zu schaffen, die an die Soldaten verteilt werden sollten. Er war ein Mann von großer Warmherzigkeit, ein Mensch, den eine Aura von Liebe und Mitgefühl umgab. Obwohl er den offiziellen Titel »Seine Gnaden, der hochehrwürdige Janani Luwum, Erzbischof von Uganda, Ruanda, Burundi und

Boga-Zaire« führte, nannten wir uns untereinander nur schlicht »Bruder«. Wir waren bemerkenswert eins im Geiste.

Luwum wurde Geistlicher während der ostafrikanischen Erweckungsbewegung, die Uganda erfaßte, bevor Amin an die Macht kam. 1974 wurde er in der Namirembe-Kathedrale in Uganda zum Erzbischof geweiht. Ein Foto dieser Feierlichkeit hängt immer noch im Konferenzraum der ugandischen Kirche. Sie zeigt Luwum in den wallenden Purpurgewändern seines Amts – und einen lächelnden Idi Amin, der ihn beglückwünscht.

Aber das war in früheren, besseren Tagen. Als sich die Gewalt gegen die Christen in den darauffolgenden Jahren zu steigern begann, wurde das Verhältnis zwischen Amin und dem geistlichen Oberhaupt des Landes zunehmend gespannt. Die mißliche Lage Luwums und anderer Kirchenführer glich immer mehr der in anderen Ländern, in denen die Kirche unterdrückt wird. Gegen die Verfolgung zu reden, bedeutete, sich noch größere Feindseligkeit zuzuziehen, und für Luwum selbst sogar persönliche Gefährdung. Als 1976 weitere Christen verschwanden, begann Luwum in wachsendem Umfang offene Kritik an der Regierung Amin zu riskieren. In seiner traditionellen Weihnachtsansprache, die im ganzen Land über Radio ausgestrahlt wurde, befaßte er sich mit dem Thema, daß es manchmal der einzige Sieg für Christen sei, »in Liebe zu leiden«. Diese Feststellung wurde von den Regierungsfunktionären, die die Sendung überwachten, als politischer Kommentar verstanden, und Luwum wurde mitten in der Predigt abgeschaltet.

In einer Sonnabendnacht Anfang Februar 1977 durchbrach ein Kommando von Amins Geheimpolizei den Zaun um Luwums Amtssitz, erzwang sich mit geladenen Gewehren Zugang zum Haus und beschuldigte Luwum, Waffen versteckt zu halten. Er selbst berichtet:

»Morgens um halb zwei hörte ich, wie der Hund wütend bellte und der Zaun umgerissen wurde, und ich wußte, daß jemand in den Hof eingedrungen war . . . Als ich die Tür öffnete, sprangen sofort diese Bewaffneten, die versteckt gewesen waren, auf mich los, Gewehr im Anschlag, und riefen: ›Erzbischof, Erzbischof, zeig uns die Waffen.‹ Dabei richtete der Anführer, der arabisch sprach und einen roten Kaunda-Anzug trug, sein Gewehr auf meinen Magen, während ein anderer mich von Kopf bis Fuß durchsuchte. Er stieß mich mit dem Gewehr und schrie: ›Lauf, renn, zeig uns die Waffen, führ uns in dein

Schlafzimmer.‹ Also gingen wir hoch ins Schlafzimmer, wo Mary, meine Frau, schlief. Sie weckten sie und begannen, unter dem Bett herumzukriechen.«

Die Eindringlinge durchsuchten das ganze Haus. Sie nahmen es buchstäblich auseinander, fanden aber nichts. Sie durchstöberten die Kapelle, schauten unter den Abendmahlstisch, rissen in den Vorratsräumen Säcke mit Hirse und Erdnüssen auf und untersuchten sogar in allen Bädern die Toiletten. Frustriert, weil sie nichts fanden, fragten sie Luwum: »Sag uns, wo die Acholi- oder Langi-Familien in Namirembe (dem Berg, auf dem die Kathedrale steht) wohnen, damit wir sie durchsuchen können.«

Luwum gab zur Antwort: »Ich bin nicht wegen der Acholi oder wegen der Langi nach Namirembe gekommen. Ich bin der Erzbischof von Uganda, Ruanda, Burundi und Boga-Zaire. Unser Haus ist Gottes Haus, und in Gottes Haus gibt es keine Waffen. Wir beten für den Präsidenten. Wir beten für die Sicherheitstruppen – was immer sie tun. Wir predigen das Evangelium und wir beten für andere. Das ist unsere Arbeit, nicht aber der Besitz von Waffen!«

Morgens um drei war die Haussuchung endlich beendet, und die Männer gingen. Über ihren Abzug berichtet Luwum: »Sie forderten uns auf, ihnen das Tor aufzumachen, damit sie hinauskonnten, aber meine Frau schlug vor, sie sollten dort hinausgehen, wo sie hineingekommen waren. Ich sagte, wir wären Christen. Wir hätten reine Herzen, und zum Zeugnis dafür wollten wir ihnen das Tor öffnen. Das taten wir dann, und sie fuhren ab.«

In derselben Nacht wurde ein anderer anglikanischer Bischof, Yona Okoth von Bukedi, in ähnlicher Weise geweckt und sein Haus durchsucht. Ihm wurde befohlen, zusammen mit den Männern seine Wohnung zu verlassen. Er schildert das so: »Ihr Anführer sagte: ›Unser Boss hat uns einen Befehl gegeben. Es tut uns leid, aber wir müssen Sie mitnehmen.‹ Ich antwortete: ›Ich fürchte mich nicht. Wenn es meinen Tod bedeutet, so ist er das Tor zum Herrn. Wenn es das Leben bedeutet, werde ich weiter das Evangelium predigen.‹« Okoth wurde die ganze Nacht verhört, dann nach Hause zurückgebracht und am nächsten Morgen freigelassen. Ein dritter Christ wurde ebenfalls aus seiner Wohnung abtransportiert und ist seit dieser Nacht nicht mehr gesehen worden, noch hat man je wieder von ihm gehört.

Vier Tage darauf trafen achtzehn ugandische Bischöfe zusammen, um einen Protestbrief an Amin zu verfassen. Der Brief führte die Ereignisse der Sonnabendnacht als Beispiel an und fuhr dann damit fort, gegen Amins Schreckensherrschaft zu protestieren – der vielleicht schärfste Protest, der bis zu diesem Zeitpunkt von Christen kam, die noch im Land lebten:

»Das Gewehr, dessen Mündung sich gegen den Magen des Erzbischofs richtete, das Gewehr, das man benutzte, um das Haus des Bischofs von Bukedi zu durchsuchen, ist ein Gewehr, das sich auf jeden Christen in unserer Kirche richtet. Die Sicherheit des normalen Christen ist schon seit langem ungewiß geworden. Es mag sein, daß das, was dem Erzbischof und dem Bischof von Bukedi widerfahren ist, nur das ist, was unseren Christen ständig geschieht. Wir haben viele begraben, die durch Schüsse starben, und es gibt noch viel mehr, deren Leichen man nicht gefunden hat, deren Verschwinden aber mit der Tätigkeit einiger Angehöriger der Sicherheitstruppen im Zusammenhang steht. Exzellenz, wenn nötig, können wir konkrete Nachweise für das erbringen, was sich da ereignet, denn die Witwen und Waisen gehören zu unserer Kirche . . . In manchen Gegenden Ugandas zwingen Moslems, die leitende Stellung innehaben, Christen dazu, auch Moslems zu werden . . . Während Sie, Exzellenz, erklärt haben, daß Ihre Regierung keinem fremden Einfluß unterliegt, ruft die allgemeine Richtung der Dinge in Uganda den Eindruck hervor, daß Fremde die Geschäfte unseres Staates lenken, denen das Wohlergehen des Landes und der Wert des Lebens der Ugander in keiner Weise am Herzen liegt.«

Ich habe den ganzen Text des fünfseitigen Briefs gelesen und mit ehrfürchtigem Staunen diese mutige Erklärung einer Gruppe von Geistlichen gesehen, von denen jeder, als er den Brief unterzeichnete, gewußt haben muß, daß er sich den Zorn eines gefährlichen Diktators einhandelte, eines Machthabers über Leben und Tod seiner 12 Millionen Untertanen. Luwum selbst stellte Präsident Amin den Brief zu und schickte Kopien an politische und religiöse Führer überall in Uganda.

Amins Reaktion auf den kühnen Protest war schnell und heftig. Zwei Tage später hielt er in Kampala eine militärische Musterung ab und befahl Luwum, dort zu erscheinen und sich einer Anklage wegen versuchten Umsturzes zu stellen. Über hunderttausend automatische

Waffen aus China, Tausende von Munitionsmagazinen und Hunderte von Handgranaten wurden als Beweis für die »geschmuggelten Waffen« vorgeführt, die Luwum und seine Freunde angeblich versteckt haben sollten. Über vier Stunden lauschten die Soldaten – alles ausgesuchte Amin-Getreue – den Reden, die die Kirchenführer verurteilten. Auf die Frage, was man mit denen tun sollte, die gegen Amin konspirierten, brüllten sie in Sprechchören: »Tötet sie! Tötet sie!«

Nach der Musterung wurden Luwum und zwei Regierungsfunktionäre verhaftet und in einem Armeefahrzeug vom Gelände gefahren. Am nächsten Tag gab Radio Uganda bekannt, sie seien bei einem Autounfall ums Leben gekommen. Luwums Leiche wurde nie nach Kampala zurückgebracht. Augenzeugen berichten, sie hätten den Leichnam gesehen – mit drei Kugeleinschüssen, zwei in der Brust, der dritte in den Mund. Ein anglikanischer Geistlicher, der vor kurzem aus dem Land floh, hat mir selbst erzählt, daß das Auto, das angeblich in den Unfall verwickelt war, in Wirklichkeit schon früher einen Unfall gehabt und mehrere Wochen vor Luwums Tod zur Reparatur in einer Garage gestanden hatte.

Als weitere Flüchtlinge aus dem Land entkamen, wurden zusätzliche Einzelheiten bekannt. Die Zeitschrift *Christianity Today* vom 18. März 1977 faßte sie in dem folgenden Bericht zusammen:

»Amin befahl, sie alle drei zu erschießen, sagten sie, und die beiden Regierungs-Funktionäre wurden sofort getötet. Als der Präsident erfuhr, daß seine Truppen Hemmungen zeigten, den Erzbischof umzubringen, soll er ihn selbst erschossen haben. Man erzählt auch, daß die Soldaten nur widerwillig Amins Befehl ausführten, die Körper der drei mit Lastwagen zu überfahren; schließlich erklärten sie sich bereit, die Leichen der Kabinettsmitglieder zu zerquetschen, nicht aber die des Erzbischofs.

Nachdem der Tod bekanntgegeben worden war, baten Familienangehörige und kirchliche Beamte um die Leiche des Erzbischofs, erhielten jedoch keine Genehmigung dafür . . . Stattdessen sandte die Regierung den Sarg in Luwums Geburtsdorf im nördlichen Uganda. Verwandte und Freunde bekamen Auftrag, ihn zu beerdigen. Aber sie zögerten die Sache hinaus, bis sie einen Priester hinzuziehen konnten, um die Bestattung zu halten. Dabei wurde der Sarg geöffnet, und man fand die Schußwunden.«

Kein Mensch auf der ganzen Welt glaubte Amins Autounfall-Story. In Genf bezeichnete die internationale Juristenkommission den Tod der drei als Mord und erklärte, »die Behauptung, sie seien bei einem Autounfall ums Leben gekommen, kann niemanden täuschen.« Eine Gruppe von Exilugandern in den USA nannte die Morde »Teil eines wohldurchdachten Plans, das Christentum in ihrem Land auszurotten«. Andrew Young, der US-Botschafter bei den Vereinten Nationen, erklärte knapp, daß die Beweise deutlich zeigten, daß Luwums Tod Mord war. Überall auf der Welt erfüllten Zorn und Unglauben über die Morde Zeitungen und Ätherwellen. Präsident Jimmy Carter erklärte, Amins Morde »ekelten die ganze zivilisierte Welt an«.

Die endgültige Bestätigung der Morde kam im Juni 1977, als Henry Kyemba, der ugandische Gesundheitsminister und zwanzig Jahre lang Freund Amins, aus dem Land floh und die ganze Geschichte erzählte. Er führte Dutzende anderer führender Ugander an, von deren Morden er persönlich Kenntnis hatte, und sagte: »Es ist eine mehr als qualvolle Situation: niemand in Uganda kann darüber reden und erwarten, daß er am Leben bleibt.«

Der Tod Luwums löste in Uganda eine blutige Welle neuer Morde aus. Amin befahl eine erneute Säuberungsaktion für alle wichtigen Positionen, speziell in der Armee, von Christen, und innerhalb eines Monats nach Luwums Tod wurden schätzungsweise dreitausend Opfer umgebracht.

Hunderte von Ugandern flohen aus dem Land. Viele von ihnen zogen durch die Wälder und den Busch über unmarkierte Grenzübergänge nach Kenia und Ruanda.

Zu diesen Flüchtlingen gehörte auch ein junger Ugander, mit dem ich erst drei Monate davor in seiner Wohnung in Kampala zusammengewesen war. Nach seiner Flucht sah ich ihn in Holland und hörte ihn von dem Entsetzlichen sprechen, das er hinter sich gelassen hatte. Ich dachte an die komfortable Wohnung, die er aufgegeben hatte, gezwungen, quer durchs Land zu fliehen, um den Sicherheitstruppen zu entgehen. Ich erinnerte mich an die Gebete, die wir miteinander gesprochen hatten, und wie begeistert er für die Verbreitung des Evangeliums in seiner Heimat gearbeitet hatte. Wie wenig ahnte er damals, daß er mich in einem halben Jahr in Europa wiedersehen würde, diesmal nicht als Kirchenbeamter, sondern als Flüchtling, als Mann, der zumindest vorübergehend, keine Heimat mehr hatte.

Aber so ist es in Afrika. Das ist das gewalttätige Gesicht eines Erdteils, der zum geistlichen Schlachtfeld zwischen den Truppen von Finsternis und Licht geworden ist. Heute Vorstadtbewohner in Kampala – morgen Flüchtling. Heute Demokratie – morgen Polizeistaat. Heute Ehefrau – morgen Witwe. Heute Erzbischof – morgen Märtyrer.

In einem derart chaotischen Land ist nur die Kraft des Heiligen Geistes und die Anwesenheit Christi etwas Gesichertes. Kann es in einem Land, in dem der Tod immer neben einem steht, wahre christliche Liebe geben? Hat Christi Botschaft dort wirklich einen Sinn? Kann man überhaupt noch von jemandem erwarten, daß er seine Feinde liebt, für die betet, die ihn verfolgen und schmähen, und jene umarmt, die mitten in der Nacht mit Gewehren und Messern zu ihm kommen? Festo Kivengere meint: Ja. Er war einer der Bischöfe, die Luwums Protestbrief unterzeichneten und danach in einer fürchterlichen mitternächtlichen Flucht quer durchs ganze Land den Sicherheitstruppen entkamen. Weit von seiner Heimat in Sicherheit, schrieb Festo für *Christianity Today* vom 15. April 1977 folgendes:

»Ich liebe Idi Amin. Ich bin niemals sein Feind gewesen. Ich wünschte, jemand würde ihm das ausrichten. Wäre ich in Uganda, würde ich es selbst tun. Könnte ich in Präsident Amins Nähe kommen, würde ich es ihm ins Gesicht sagen . . . Vergebung ist schöpferisch. Vergeltung zerstört. Jeder, der die Menschlichkeit liebt, muß den Weg des Aufbaus und der Versöhnung suchen. Gott hat das getan. Wer bin ich, von seinem Weg abzuweichen? Und darum liebe ich Idi Amin. Liebe kann heilen, und daran werden ich festhalten bis zu meinem Tod.«

9. Ein Staat *könnte* ganz Afrika retten

»Ein Paradies auf Erden!«

»Ein Gefangenenlager. Ein Geschwür auf dem Antlitz der Menschheit.«

Was Sie gerade gelesen haben, sind zwei Beschreibungen desselben Landes – Rhodesiens. Derart unterschiedliche Standpunkte, einer so vom Gefühl beeinflußt wie der andere, geben nur eine Andeutung von der trennenden, explosiven Existenz Rhodesiens und des benachbarten Südafrikas in der gegenwärtigen afrikanischen Landschaft. Südafrika und Rhodesien sind nicht länger irgendwelche Länder. Für die Menschen auf beiden Seiten des afrikanischen Ringens sind sie zu Symbolen geworden. Für ihre weißen Bürger und viele andere Weiße stehen sie für eine entschlossene und beharrliche Ablehnung, den Schwarzen ihren mühselig erworbenen Platz auf dem afrikanischen Erdteil zu überlassen. Für die meisten Schwarzen in Afrika und viele andere Menschen auf der ganzen Welt sind sie Sinnbilder der arroganten, rechtswidrigen Herrschaft über schwarze Afrikaner auf deren eigenem Grund und Boden.

Wie man aus dieser mit Sprengstoff geladenen Sackgasse herauskommen soll, ist zu einem verzwickten und entscheidenden Problem des Kampfs um Afrika geworden.

In beiden Ländern regiert eine kleine, weiße Minderheit unter geringer Beteiligung schwarzafrikanischer Bürger. In beiden Fällen billigt diese weiße Minorität sich selber Vorrechte und Chancen zu, die sie den Schwarzen nicht gewährt, und hält Schwarz und Weiß sowohl durch Gesetze als auch durch eine tiefverwurzelte gesellschaftliche Tradition streng voneinander getrennt. In beiden Fällen hat die weiße Regierung einem wachsenden Ansturm von Kritik und Ablehnung seitens des überwiegenden Rests der Welt widerstanden und nur unwillig Änderungen der bestehenden Ordnung eingeführt, trotz einer wachsenden Flut von Unruhe unter der eigenen schwarzen Bevölkerung.

Aber neben diesen offenkundigen Ähnlichkeiten bestehen einige entscheidende Unterschiede zwischen beiden Ländern, und es wird zunehmend schwieriger, beider Lage als ein einziges Problem zu diskutieren.

Rhodesien

Einer meiner Freunde, der schon viele Krisengebiete der ganzen Welt bereist hat, sagte mir Anfang des Jahres: »Ich habe noch nie ein Land gesehen, das für Terrorismus so ideal ist wie Rhodesien. Zum Führen von Guerillakriegen könnte es gar nicht besser geeignet sein, wenn man es speziell dafür gebaut hätte.«

Und in Rhodesien gibt es eine Menge Guerillakämpfe. In den letzten paar Jahren hat die schwarze Bevölkerung – die die regierenden Weißen an Kopfzahl im Verhältnis 23 zu 1 übertrifft – sich mehr und mehr der Gewalt zugewandt, um die Regierung zu zwingen, die Kontrolle über das Land aufzugeben. Präsident Ian Smith leitet die Regierung, die 1966 den Status als britische Kronkolonie aufgab und sich zur unabhängigen Republik erklärte, um sich so den britischen Forderungen nach einer stärkeren Beteiligung farbiger Rhodesier an der Regierungsverantwortung zu entziehen. Seither haben die meisten Staaten der Welt Rhodesien boykottiert, seine Legalität angezweifelt und es – wenigstens offiziell – abgelehnt, seine Produkte anzukaufen. Inzwischen hat die wachsende Welle des schwarzen Nationalismus das Land nach und nach umschlossen. Es hat lange gemeinsame Grenzen mit den feindlichen Staaten Sambia, Botswana und Mosambik, die den umherziehenden Terroristenbanden, die schwören, die weißen »Eindringlinge« aus ihrem Land zu verjagen, ganz offen Unterstützung, Quartiere und Waffen zur Verfügung stellen.

In Rhodesien hat sich eine Art Belagerungsmentalität entwickelt. Die Weißen fühlen sich vom Rest der Welt abgeschnitten. Außer ihrer eigenen grimmigen Entschlossenheit zum Überleben gibt es wenig Unterstützung für sie. Sie reisen nur noch in Autokolonnen von einer Stadt in die andere, um sich vor Guerilla-Angriffen zu schützen. Die Farmhäuser sind mit hohen Zäunen und Alarmanlagen umgeben, und jedes Haus hat Funkverbindung zur nächsten Polizeistation. In der Hauptstadt Salisbury denken die Behörden über Methoden nach, wie der Auszug der Weißen aus dem Land aufzuhalten ist. Gut elfhundert Menschen reisen jeden Monat aus, und schwer auf den Einwohnern lastende militärische Dienstverpflichtungen und immer höhere Steuern scheinen den Exodus wohl noch zu beschleunigen.

Es wird Blut fließen in Rhodesien, bevor das Problem endgültig gelöst ist. Fast alle sind sich darüber einig, daß ein totaler Krieg zwischen der weißen Regierung und den Truppen der schwarzen Nationalisten jeden Augenblick losbrechen kann. Eine Tatsache, die das Erreichen einer Kompromißlösung behindert, ist die Spaltung unter den Schwarzen selbst. Es gibt vier Hauptparteien, die von den relativ gemäßigten Anhängern von Bischof Abel Muzorewa bis zur militanten Patriotischen Front reichen, die Joshua Nkomo und Robert Mugabe anführen. Es ist durchaus verständlich, daß die rhodesischen Weißen fürchten, daß selbst wenn die Herrschaft der schwarzen Mehrheit auf friedlichem Wege erreicht wird, der Parteienhader der Schwarzen einen blutigen Machtkampf auslöst.

Die Revolution hat sich auf altbewährte Art den rhodesischen Konflikt zu eigen gemacht und nutzt ihn, um Aufruhr und Spaltung zu produzieren. Die ständige Spannung durch Terrorismus und Furcht hat einen Teil der Kirche gegen den anderen aufgehetzt. Christen werden isoliert, und die erfolgreiche Verbreitung von Gottes Reich wird gelähmt. Die Spaltung geht tief und ist erbittert. Der weiße katholische Bischof von Umtali, Donal Lamont, wurde letztes Jahr zu zehn Jahren Haft verurteilt, weil er es unterlassen hatte, das Vorhandensein von Revolutionären in seinem Gebiet zu melden. Er steht für eine wachsende – wenn auch noch immer kleine – Zahl rhodesischer Geistlicher, die die Politik der Regierung für falsch und unchristlich halten. Seine harte Behandlung durch die Behörden hatte nur zur Folge, daß das Leiden einer geteilten Kirche vergrößert wurde.

In Rhodesien haben manche Christen Wunder erlebt, durch die sie von Verletzungen und Tod durch die Hand von Guerillas gerettet wurden. Es hat Fälle gegeben, in denen Granaten nicht explodierten, Guerillas abgelenkt wurden, als der Tod schon sicher schien, und andere außergewöhnliche Erlebnisse. Verschiedene Rhodesier haben mir solche Geschichten erzählt und sie so ausgelegt, daß Gott auf der Seite der Weißen sei und nicht wolle, daß die weiße Regierung gestürzt werde. Ich fürchte, das ist ein bedauerlicher Irrtum, wie es ihn auch in Südostasien oft gegeben hat. Während des Vietnamkriegs habe ich in einem Stammesdorf gearbeitet, das einmal ganz von Schutzengeln umringt war, für den Vietcong sichtbar, und so vor der Zerstörung gerettet wurde. Ich glaube, daß solche Dinge wirklich geschehen, und ich preise den Herrn dafür, daß er, so wie in den Fällen in Rhodesien, Christen beschützt hat. Aber Vietnam fiel der Revolution wie eine überreife Frucht in die Hände, als die Zeit dafür gekommen war, und die, die die Wunder als Zeichen dafür betrachtet hatten, daß Südvietnam siegen würde, waren bitter enttäuscht. Ich glaube, daß solche Wunder für den einzelnen Christen gedacht sind, vielleicht gerade, um die Menschen für eine bevorstehende besonders schwere Zeit zu stärken. Sie als Zeichen dafür zu deuten, daß das Land nicht an die Revolution fallen wird, ist ein trauriger Irrtum.

Ich bin in Rhodesien gewesen, habe den Premierminister kennengelernt und mit vielen großartigen Christen gesprochen. Außer in einigen Einzelfällen scheint das Vertrauen in Gottes Hand, das man sich für ein solches Problemgebiet wünschen möchte, in der Einstellung der weißen Bevölkerung insgesamt zu fehlen. Stattdessen findet sich eine Mischung von starrsinniger Unnachgiebigkeit (die man, nehme ich an, auch freundlicher als »Entschlossenheit« bezeichnen könnte) und einer Art Fatalismus von der Sorte »Es kommt ja doch alles, wie es kommen muß.«

Bei den schwarzen Rhodesiern, so sehr sie auch in Parteien gespalten sind, besteht schon Einigkeit über den neuen Namen für Rhodesien, sobald sie die Macht erlangt haben. Sie wollen es *Zimbabwe* nennen. Der Name ist abgeleitet von zwei Shona-Worten, die soviel bedeuten wie »verehrte Häuser«. Er bezieht sich auf eine Anhäufung gewaltiger steinerner Ruinen, die, so nimmt man an, eine höhere afrikanische Kultur vor Jahrhunderten zurückließ. Die Welt mag sich getrost an den Klang des Wortes Zimbabwe gewöhnen. Wenn sich das Schicksal Rhodesiens nicht auf dramatische und ungeahnte Weise um hundertachtzig Grad wendet, werden wir es so nennen, ehe noch viel Zeit vergeht.

Südafrika

Mehrere hundert Meilen weiter südlich auf dem Kontinent, im Staat Südafrika, ist die Zukunft weit weniger vorhersehbar. Sowohl vom menschlichen als auch vom geistlichen Standpunkt scheinen die Chancen, Blutvergießen und Umsturz zu vermeiden, besser zu sein.

Rein menschlich betrachtet hat die Regierung in Südafrika gegenüber ihrem rhodesischen Gegenstück mehrere Vorteile:

1. Die zahlenmäßige Ungleichheit ist etwas weniger extrem – vier

Millionen Weiße in einer Gesamtbevölkerung von zweiundzwanzig Millionen.

2. Südafrika hat einen viel höheren technischen Entwicklungsstand, mit zehn Städten, deren Einwohnerzahl über 100000 liegt, und entsprechend größerer Industrialisierung.

3. Es hat Zugang zum Meer – und zwar mehr als genug, weil es die ganze Südspitze des Erdteils einnimmt.

4. Seine farbige Bevölkerung nimmt am Leben im Land weit mehr teil und hat es im allgemeinen in bezug auf Erziehung, ärztliche Versorgung und Arbeitsmöglichkeiten besser als die Schwarzen in Rhodesien.

Freilich kann man nur insofern von »Vorteilen« sprechen, als die Lage in Südafrika etwas weniger prekär ist als in Rhodesien. Sie könnten auf Dauer den südafrikanischen Staat retten, vielleicht können sie auch nur seinen Zerfall hinauszögern.

Die größte Hoffnung für Südafrika, Blutvergießen und Umsturz zu vermeiden, beruht nicht auf diesen fadenscheinigen Vorzügen, sondern auf einem geistlichen Vorteil. Ich glaube, daß Gott am Überleben des südafrikanischen Staats ein besonderes Interesse hat. Mit dieser Ansicht werde ich bei vielen sicher einen Sturm der Entrüstung hervorrufen, aber ich bin zutiefst davon überzeugt und glaube, daß sie für die ganze Kirche in Afrika überaus bedeutsam ist. Ich glaube, daß Südafrika in Gottes Plan einen besonderen Platz einnimmt – nicht unbedingt ein von Weißen und nicht unbedingt ein von Schwarzen beherrschtes Südafrika, sondern eine starke, gesunde südafrikanische Nation, in der Schwarze und Weiße miteinander leben und gemeinsam daran arbeiten, den übrigen Kontinent zu evangelisieren.

Ich glaube an ein Konzept, das man *regionale Evangelisation* nennen könnte. Gott hat bestimmten Ländern eine besondere Verantwortung für die Evangelisation ihrer Region übertragen. Diese regionale Verantwortung ist nicht von Anbeginn an festgelegt oder Teil eines vorherbestimmten Plans. Eher entwickelt sie sich im Verlauf der Geschichte. Von dem, dem viel gegeben wurde, wird viel erwartet, heißt es. Und bestimmte Länder sehen sich an diesem Punkt der Geschichte verantwortlich für weite geographische Gebiete, weil sie stärker sind und die potentielle Fähigkeit besitzen, diese Gebiete für Gott zu erreichen. Der große Auftrag fordert von jedem Christen, hinaus »in alle Welt« zu gehen, und eine speziell regionale Auflage, die man erfüllen soll, ersetzt diese globale Verantwortlichkeit nicht, sondern tritt neben sie.

In der Welt von heute ist, so glaube ich, die Evangelisation Osteuropas die ganz spezielle Aufgabe von Westeuropa. Die Vereinigten Staaten sind verantwortlich für Mittel- und Südamerika. Auf Australien und Neuseeland entfällt die Last, ganz Asien zu erreichen. Und der Erdteil Afrika ist die besondere geistliche Aufgabe Südafrikas.

Warum? Weil Südafrika die Mittel besitzt, den ganzen Kontinent ansprechen zu können. Es hat das nötige Geld, die Technologie, eine große Anzahl überzeugter Christen, die Freiheit und die politische Stabilität. Es hat alles, was man braucht, um den afrikanischen Kontinent zu evangelisieren und schwarze Afrikaner in anderen Ländern auszurüsten, damit sie mitarbeiten können, um überall, von der Sahara bis zum Kap der Guten Hoffnung, die Aufgabe zu erfüllen. Und ich glaube weiter, daß Gott in den Gang der Geschichte eingreifen wird, um Südafrika zu erhalten, *wenn* die Christen dort ihre Verantwortung akzeptieren, den übrigen Erdteil zu evangelisieren.

Aber zuerst müssen die Menschen in Südafrika, ob schwarz oder weiß, diese Verantwortung auf sich nehmen und gemeinsam dafür arbeiten. In ihrer bisherigen Geschichte haben die Südafrikaner diese Aufgabe nicht ernst genug genommen. 350 Jahre leben südafrikanische Weiße nun schon auf dem Kontinent, gewiß lange genug, um sie zu Einheimischen zu machen. Sie sind keine dorthin Verpflanzten oder Eindringlinge – sonst müßten wir z.B. auch die Amerikaner oder die Brasilianer als Eindringlinge und Fremdkörper bezeichnen. Sie sind echte Afrikaner, wie es andere Weiße auf dem Kontinent nicht für sich in Anspruch nehmen können. Aber sie haben ihre Grundhaltung des »Wir gegen sie« gegenüber den schwarzen Afrikanern im Norden nie aufgegeben, und das hat sie daran gehindert, die volle Verantwortung für die Evangelisation in Afrika zu übernehmen. Nunmehr isoliert durch den schwarzen Nationalismus, der Afrika durchbraust, haben sie sich nach innen gewandt und denken nur noch an ihr nationales Überleben. Sie haben die Schau verloren, daß die schwarzen Afrikaner ihre Brüder und Partner sind, mit denen sie einen Kontinent teilen. Sie sind dahin gelangt, Schwarzafrika als ihr *Problem* zu betrachten und nicht als ihre *Chance*, und darin liegt die Schwierigkeit.

Die südafrikanische Kirche ist für das übrige Afrika verantwortlich, weil sie das stärkste Glied der Kirche auf dem afrikanischen Kontinent ist. Ich habe schon geschildert, wie sehr ich von den südafrikanischen Christen beeindruckt worden bin. Als ich dort von der Not der leidenden Kirche berichtete, war die Reaktion stärker als irgendwo sonst auf der Welt, wo ich gewesen bin. Nachdem wir in Südafrika ein Büro eröffnet hatten, hatte Open Doors innerhalb von *zwei* Jahren mehr Abonnenten für seinen Gebetsbrief als in Holland nach *zwanzig* Jahren!

Während der Münchner Olympiade 1972 kam eines der stärksten Kontingente junger Menschen, die für ihren Glauben Zeugnis ablegten, aus Südafrika – Schwarze und Weiße. Bei der Olympiade 1976 in Montreal wurde dieser evangelistische Einsatz wiederholt, und die südafrikanische Gruppe – die übrigens von Open Doors finanziell getragen wurde – war die zweitgrößte nach der aus den USA. Im letzten Jahr überrundete die südafrikanische Bibelgesellschaft alle anderen der Welt, selbst die der USA, im Verteilen von Bibeln. Arthur Glasser, ein Missionsleiter, der der südafrikanischen Sache keineswegs übermäßig wohlwollend gegenübersteht, berichtete zu Anfang dieses Jahres, daß in der Universität von Stellenbosch, an der insgesamt 8 000 Südafrikaner studieren, sich wöchentlich 3 600 junge Leute zu den von Studenten geleiteten Bibelkreisen treffen, von denen es über 60 gibt. Er berichtet auch, daß nach einer einzigen Jugendevangelisation rund sechzig Jugendliche sich spontan bereiterklärten, ein Jahr lang unbezahlte Arbeit zu leisten.

In der südafrikanischen Kirche herrscht eine großartige Hingabe an Christus. Sie hat die geistliche Stärke und die finanziellen Mittel, Schwarzafrika erfolgreich anzusprechen – *wenn* sie das zu ihrem wichtigsten Anliegen, zu ihrem »Thema Nr. Eins« macht.

Ich glaube, Satan weiß wohl, daß Südafrika diese Möglichkeit hat, und er arbeitet folglich hart daran, Südafrika von der übrigen Welt zu isolieren. Man hat es aus anderen Staaten herausgegriffen, um es zu boykottieren, in Verlegenheit zu bringen und zu kritisieren; und dies alles, so meine ich, besonders deshalb, weil der Teufel Südafrika isolieren will, um es an der Erfüllung seines göttlichen Auftrags zu hindern. (Ein großer Teil der Unbeliebtheit, die die USA in der Gemeinschaft der Nationen erfahren, hat denselben Ursprung. Sie besitzen die menschlichen und geistlichen Mittel, den großen Auftrag zu erfüllen. Alles, was ihnen fehlt, ist die Willensstärke. Aber wenn die Weltmeinung sie genug kritisieren und quälen kann, um sie in eine Verteidigungsstellung hineinzutreiben, in der sie zu dieser Verpflichtung nicht mehr bereit sind, kann auch ihr gesamtes evangelistisches Potential lahmgelegt werden.)

Es gibt eine große Hürde, die Südafrika überwinden muß, bevor es die Bedingungen für eine Weltevangelisation wirksam erfüllt. Es muß den Farbigen als Mitmenschen akzeptieren, als Bruder umarmen und ihm seine Menschenwürde geben. Südafrikanische Weiße argumentieren immer wieder, daß sie die ärztliche Versorgung der Farbigen, ihre Erziehung, ihre Wohn- und Arbeitsverhältnisse verbessert haben und ihnen mehr Chancen gewähren, als irgendeine schwarze Regierung in Afrika ihren Bürgern. Sie können darauf verweisen, daß sie den Schwarzen wahrscheinlich mehr Menschenrechte eingeräumt haben, als sie irgendwo sonst auf dem Kontinent finden würden. Aber das ist nicht das Problem. Es geht letztlich um die Menschenwürde, und die müssen die weißen Südafrikaner ihren schwarzen Brüdern zuerst geben, ehe ihre Nation ein heiles Ganzes sein kann.

Einmal kam ich mit einer Gruppe südafrikanischer Christen zusammen, die mir helfen wollten, Bibeln nach Rußland zu schaffen. Nachdem sie mir versichert hatten, wie gern sie mich unterstützen wollten, sagte ich: »Moment mal. Meine erste Frage: Haben Sie Ihren eigenen schwarzen Dienern eine Bibel gegeben?«

Sie sahen mich erstaunt an. »Nein«, antworteten sie, »das haben wir nicht . . . Aber es gibt auch keine Bibel in ihrer Sprache.«

Darauf konnte es nur eine Antwort geben. Ich hatte den Verdacht, daß das sogenannte Übersetzungsproblem nur eine Ausrede war und daß es in Wirklichkeit Bibeln in diesen Sprachen gab – eine Tatsache, die mir die Bibelgesellschaft inzwischen bestätigt hat. »Ich will keine russischen Bibeln von Ihnen, solange Sie nicht das Wort an Ihre eigenen schwarzen Diener weitergegeben haben«, erklärte ich ihnen. »Ihre erste Verantwortung ist Afrika. Lösen Sie zuerst dieses Problem, und wenn Sie hier getan haben, was Sie können, wollen wir zusammen daran arbeiten, in Rußland etwas auszurichten.«

Wenn die Weißen Südafrikas die Bedingungen erfüllen können und sich voll dafür einsetzen, das Evangelium in Schwarzafrika zu verbreiten, dann, davon bin ich überzeugt, wird Gott ihren Staat beschützen und bewahren. Wenn sie ihre Aufmerksamkeit lange genug von ihren eigenen Problemen abwenden müssen, um Schwarzafrika eine geistliche Hand zu reichen, werden sie feststellen, daß das Überleben von ganz allein kommt.

Als ich junger Soldat der holländischen Armee war und verwundet in einem indonesischen Lazarett-Bett lag, gab mir eine Franziskanernonne eine Lehre. »Wissen Sie, wie die Eingeborenen in diesem Land Affen fangen?« fragte sie. Ich verneinte. »Sie nehmen eine Kokosnuß und machen ein Loch hinein, gerade so groß, daß eine Affenpfote hindurchpaßt. Dann lassen sie einen Kiesel durch das Loch fallen und warten mit einem Netz im Gebüsch. Früher oder später kommt ein neugieriger Affe vorbei. Er hebt die Kokosnuß auf und klappert damit. Er späht hinein und quetscht dann seine Pfote durch das Loch und ergreift den Kiesel. Aber wenn er ihn herauszunehmen versucht, muß er feststellen, daß er seine Pfote nicht durch das Loch bekommt, ohne loszulassen. Und loslassen will er eben nicht. Er glaubt, daß er da etwas wirklich Wertvolles ergattert hat und wird nie loslassen, was er für eine Kostbarkeit hält. Und dann werfen die Eingeborenen das Netz über ihn. Es gibt nichts Leichteres auf der Welt, als jemand zu fangen, der sich so benimmt.«

Die Nonne fragte mich: »Halten Sie irgend etwas fest, Andrew – irgendetwas, was zwischen Ihnen und Ihrer Freiheit steht?«

Die Weißen in Südafrika könnten in ihrer schwierigen Lage zu der Überzeugung gelangen, daß es Dinge gibt, auf die sie verzichten müssen, wenn sie in ihrer Heimat die Freiheit behalten wollen.

10. Was können *Sie* tun?

Ich habe oft die Geschichte von dem kleinen holländischen Jungen gehört, der seinen Finger in den Deich steckte. Niemand weiß, ob die Geschichte wahr ist, aber sie ist trotzdem sehr beliebt. Der Junge sah ein winziges Loch in der Deichmauer, die das Meer zurückhält, und indem er seinen Finger in dieses Loch steckte, bis Hilfe kam, rettete er das ganze Land vor einer verhängnisvollen Flut. Die Pointe dieser kleinen Geschichte ist, daß selbst ein kleiner Junge, wenn er nur zur rechten Zeit das Rechte tut, die Macht des gewaltigen, beängstigenden Ozeans aufhalten kann.

Ich hätte dieses Buch über Afrika nie geschrieben, wenn ich nicht glaubte, daß Sie etwas tun können.

Die Aussicht einer weltweiten Revolution, die einen ganzen Kontinent überschwemmt, scheint eine so gigantische, welterschütternde Bedrohung zu sein, daß es anmaßend aussehen mag, wenn man behauptet, ein einzelner könnte irgendeinen Einfluß darauf haben. Aber die Wahrheit ist, daß *Sie ganz persönlich etwas in Afrika ausrichten können*. Wie der kleine Junge am Deich können wir Christen, wenn wir zur rechten Zeit das Rechte tun, buchstäblich die mächtige, vernichtende Flut der Revolution aufhalten.

Daß wir diese Fähigkeit besitzen, liegt daran, daß die Schlacht um Afrika eine *geistliche* Schlacht ist, in der auch nur geistliche Waffen zählen. Wenn wir der Bibel glauben, müssen wir auch glauben, daß ein kleiner Junge namens David einen riesigen Mann namens Goliath schlug, weil sich ihr Kampf im geistlichen Bereich entschied. David erkannte seinen Kampf mit Goliath als geistliche Auseinandersetzung und stellte das auch offen fest.

»Denn wer ist dieser unbeschnittene Philister, der das Heer des lebendigen Gottes verhöhnt?« rief David (1. Samuel 17,26).

Er focht gegen Goliath, weil dieser ein Feind Gottes war, und kämpfte nicht für eigenen Ruhm oder zum Vergnügen, sondern für ein rein geistliches Ziel – »damit alle Welt innewerde, daß Israel einen Gott hat« (1. Samuel 17,46). David siegte, weil er einen geistlichen Kampf kämpfte.

Daß wir in Afrika etwas ausrichten können, hat noch einen anderen Grund: die Schlacht um Afrika ist noch *nicht entschieden*. Der

Kampf ist noch lange nicht beendet. Vielleicht hat mein Buch die Arbeit des Feindes in Afrika besonders betont, aber Sie können sicher sein, daß es dort Millionen engagierter Christen gibt, die Afrika noch nicht der Revolution überlassen haben. Sie sind an Zahl unterlegen und hart bedrängt, aber sie sind noch dort, und die Schlacht ist noch nicht geschlagen – darum ist noch Zeit zur Hilfe.

»Was kann ich tun?« fragen Sie. »Wie kann ich ganz persönlich etwas ausrichten?« Sie können etwas für die Sache Gottes in diesem Erdteil tun, wenn Sie bereit sind, sich dafür zu engagieren, zu lernen und zu leiden, zu geben und zu gehen.

Bereit zum Engagement

Sind Sie wirklich bereit, sich ernstlich für Afrika zu engagieren? Das wäre ein Anfang, nur ist es unter Umständen nicht so leicht, wie es sich anhört. Es ist bequem, kurz für Afrika zu beten und dann zur Tagesordnung überzugehen, ohne noch einen Gedanken daran zu verschwenden. Aber für die meisten von uns bedeutet es *harte Arbeit*, sich auf Dauer aktiv für weit entfernt lebende Leute zu interessieren, die uns nicht direkt etwas angehen. Es ist leicht, sich für etwas einzusetzen, was uns unmittelbar bedroht oder von dem wir uns versprechen, daß es sich sofort für uns auszahlt. Aber sind wir bereit, uns zur Konzentration auf Afrika zu zwingen? Sind wir bereit, Gott darum zu bitten, er möge uns Afrika schwer aufs Herz legen?

In den letzten beiden Jahrzehnten haben sich die Investitionen amerikanischer Firmen in Afrika verdreifacht. Haben sich unsere Spenden für die Mission auch verdreifacht? Hat sich die Intensität unserer Gebete verdreifacht? Hat sich die Zeit, die wir damit verbringen, Gott für Afrika zu bitten, verdreifacht? Natürlich nicht. Es scheint, daß die Hoffnung auf Profit die Nichtchristen stärker motiviert, als die Hoffnung, das Evangelium zu verbreiten, uns antreibt. Sie engagieren sich stärker als wir! Ich glaube, wenn man dem durchschnittlichen Christ sagte, er könne sein Geld in einem Monat verdoppeln, wenn er Aktien der Sambischen Kupferminengesellschaft kaufte, und er daraufhin ein paar tausend Dollar in diese Gesellschaft investierte, würde er sich plötzlich enorm für das südliche Afrika interessieren. Jeden Tag läse er in der Zeitung nach, ob die Kurse seiner

Aktien stiegen oder fielen. Gäbe es im Fernsehen kurze Nachrichten aus Sambia, würde er »Ruhe!« brüllen und aufmerksam zuhören, um zu verstehen, was in diesem Teil der Welt vorginge. Mit anderen Worten, er hätte plötzlich ein brennendes beständiges Interesse an Sambia, bloß weil er dort ein paar tausend Dollar investiert hätte. Diese Art von Interesse sollte jeder Christ an Afrika haben, denn dort liegt nicht nur Geld in der Waagschale, sondern es geht um 400 Millionen Menschen und die Schlagkraft der gesamten Weltrevolution.

Die wachsende Kraft der Revolution macht das Schicksal Afrikas so folgenschwer. Es geht nicht nur um den afrikanischen Erdteil, sondern um das größere, das globale Ringen. Afrika ist der Angelpunkt der weltweiten Revolution. Zuerst war es Osteuropa, dann Asien, jetzt ist es Afrika. Wenn die Revolution dort Erfolg hat, wird sie schnell und mit zunehmender Energie auf Lateinamerika übergreifen. Damit ist der Prozeß des Einkreisens der ganzen Welt abgeschlossen. Wir müssen erkennen, daß Afrika der Punkt ist, um den sich alles andere dreht, und daß nicht nur die Zukunft der afrikanischen Kirche, sondern auch die der Kirche im Westen von dort aus bedroht ist.

Ich leitete einmal eine Versammlung in einer protestantischen Gemeinde in den USA. Ich stellte die Not der leidenden Kirche dar und zeigte Dias von der Not der Christen in Osteuropa. Wir erlebten einen bewegenden Gottesdienst, und manche Menschen weinten, als ich ihnen von ihren verfolgten Brüdern und Schwestern erzählte. Dann, als ich geendet hatte, dankten sie mir, daß ich gekommen war, und veranstalteten eine Sammlung, um neue Kissen für ihr Kirchengestühl zu kaufen. Ich konnte es kaum glauben! Ich ging mit leeren Händen fort, während sie neue Stuhlkissen kauften. Die Menschen in dieser Gemeinde waren teilnahmsvoll genug, um zu weinen; ihr Gefühl wurde angesprochen. Aber als sie ihre Tränen getrocknet hatten, war alles erledigt. Sie kümmerten sich um ihre eigenen Angelegenheiten, ihren Komfort und ihre Geschäfte. Sie waren nicht bereit, die Not anderer zu ihrer eigenen zu machen.

Bereit zu lernen

Wenn wir uns zum Engagement verpflichtet haben, müssen wir bereit sein, etwas über Afrika zu lernen. Wir müssen wissen, was sich dort abspielt. Wie könnten wir sonst wirksam beten oder auf die richtige Art spenden oder das tun, was getan werden muß? Zu viele Christen operieren aus einem intellektuellen Vakuum heraus: viel Gefühl, aber keine Information. Gott will, daß Sie bereit sind, etwas über Afrika zu lernen, und dazu gehört, daß Sie sich mit allen dortigen Problemen vertraut machen.

Angenommen, jemand käme zu Ihnen und sagte: »Ich habe einen Freund namens Robert. Könnten Sie für ihn beten?« Was würden Sie tun? Als gläubiger, liebevoller Mensch würden Sie anfangen, für Robert zu beten. Aber Sie würden nicht weit kommen. Sie hätten es schwer, Ihr Interesse an Robert zu wahren, und Ihr Gebet wäre wahrscheinlich recht kurz.

Warum? Nicht, weil Robert Sie nichts angeht, sondern weil Sie nichts von ihm wissen. Was könnten Sie noch tun, wenn Sie ein paarmal seinen Namen genannt und ein paar allgemeine Bitten für ihn geäußert haben? Viele Christen versuchen auf diese Weise, im Gebet für Afrika einzutreten. Sie haben die vage Vorstellung, daß es da irgendwo einen Kontinent namens Afrika gibt, der voll ist von Negern, die ihre Gebete brauchen. Damit sind ihre Kenntnisse dann gewöhnlich erschöpft. Echte, sinnvolle Fürbitte, die Afrika von Ihnen braucht, ist nur möglich, wenn Sie willens sind, etwas über Afrika zu lernen. Nur dann können Sie sich Namen, Gesichter und besondere Bedürfnisse vorstellen, während Sie beten.

Ein weiterer Grund dafür, daß wir bereit sein müssen, etwas über Afrika zu lernen, ist, daß wir sicher sein müssen, daß wir auch die richtigen Leute unterstützen.

In Afrika gibt es eine wachsende kirchliche Bewegung, die sich mehr der Revolution verschrieben zu haben scheint als dem Evangelium. Bei einem 1974 abgehaltenen Treffen der Allafrikanischen Konferenz der Kirchen beantragten Delegierte einen zeitweisen Arbeitsstop für ausländische Missionare (Moratorium) und klatschten Rednern Beifall, die zur Gewalt als legitimem Mittel des Widerstands gegen weiße Regierungen aufforderten. Ein Funktionär der Organisation stellte fest, die Anwesenheit weißer Missionare in Afrika »versklave afrikanische Christen«, und der Generalsekretär der Konferenz erklärte: »Die Wurzel des afrikanischen Problems ist die kulturelle Arroganz jener kleinen Minderheit, die in der nordatlantischen Welt zu Hause ist.«

Ein als Beobachter teilnehmender führender Evangelikaler, Byang Kato, beschrieb die Versammlung so:

»Gedichte über politische Befreiung nahmen die Stelle der Bibellesung ein. Bis in die frühen Morgenstunden schrien Delegierte nach einem energischeren Vorgehen in Sachen der Befreiung. Der Versammlungssaal war mit Bildern von Unterdrückten und von Befreiungskreuzzügen dekoriert. Aber ich kann mich an nichts erinnern, was sich mit der Sünde als dem Grundproblem des Menschengeschlechtes beschäftigt hätte, noch an irgendeinen Aufruf zu der dringlichen Aufgabe, das Heil Jesu Christi sowohl den sündigen Bedrängern als auch den Bedrängten zu bringen.«

Diese Art Christentum ist es, der viele Christen, ohne es zu wissen, Unterstützung und Geld spenden. Seit 1972 hat der Weltkirchenrat Berichten zufolge afrikanischen Freiheitsbewegungen 1,2 Millionen Dollar zur Verfügung gestellt und die Kirchen dazu aufgefordert, als letztes Mittel Revolutionen und Widerstandsbewegungen im Kampf gegen den Rassismus zu unterstützen. Der Londoner *Daily Telegraph* hat die Öffentlichkeit in einem Leitartikel vor diesem Trend gewarnt. Darin hieß es unter anderem: »Einst waren es die Missionare, die von uns unterstützt wurden . . . nun sind es obskure Organisationen in Sambia und Tansania, die nachts Bomben legen und Feinde jedes Friedens und Wohlstands sind.«

Wir müssen auch von jenen Afrikanern lernen, die uns persönlich von ihrem Kontinent und seinen ganz speziellen Problemen berichten können. Wir müssen uns das Recht auf ihr Vertrauen verdienen, indem wir bereit sind, zuzuhören und unsere Liebe durch ständiges Interesse und entsprechendes Handeln unter Beweis zu stellen. Als Hiobs Freunde ihn in seinem Unglück aufsuchten, setzten sie sich sieben Tage lang hin und sagten gar nichts. Aber nach sieben Tagen fingen sie an zu reden und ruinierten so den ganzen Besuch! Ich meine, so verhalten wir uns manchmal in bezug auf Afrika. Wir versuchen zu helfen, bevor wir zugehört und genug erfahren haben.

Bereit zum Leiden

Sind Sie bereit, für Afrika zu leiden? Sind Sie willens, buchstäblich und persönlich zu leiden, damit die Schlacht dort gewonnen wird?

Wenn Sie dazu bereit sind, *können* Sie es, und sie *werden* es auch, selbst wenn Sie Ihren Heimatort nie verlassen.

Zu Anfang habe ich gesagt, daß der Hauptauftrag, den Gott mir im Lauf der Jahre immer wieder gegeben hat, der leidenden Kirche gilt. Ich bin zutiefst von der Verantwortung der Christen in Freiheit gegenüber denen, die in Knechtschaft leben, überzeugt, Gott wird ähnlich empfinden. Als himmlischer Vater muß er sich besonders denen seiner Kinder zuwenden, die Schmerzen leiden. Ich habe fünf Kinder, und ich liebe sie alle gleich. Aber wenn eins von ihnen krank wäre und Schmerzen hätte, würden meine Frau und ich uns um dieses ganz besonders kümmern. Eine solche »Bevorzugung« wäre angebracht. So ist es auch mit Gottes Kindern. Ein liebender Gott wird seine leidenden Kinder nicht vernachlässigen, im Gegenteil, er wird ihnen sogar seine besondere Gnade verleihen.

Die Hälfte der Weltbevölkerung lebt heute hinter Stacheldraht, in Ländern, in denen ihr Gottesdienst bekämpft und ihre Freiheit eingeschränkt wird. Es ist unanständig, wenn wir, die wir in Freiheit leben, so sehr mit uns selbst beschäftigt sind, daß wir darüber unsere Brüder und Schwestern in Not vergessen. Wir müssen ihnen sagen, daß wir sie lieben, daß wir jeden Tag unseres Lebens an sie denken. Wir müssen die Botschaft zu ihnen bringen, bis in jene Gefängnisse in Mosambik; und denen, die in Angola für ihr Leben fürchten, müssen wir *zeigen*, daß sie nicht abgeschrieben sind, sondern daß wir vor Gott an ihnen festhalten. Wir müssen ihnen Bibeln, materielle Güter und Freundschaft bringen und dazu – wenn nötig – auch illegal die Grenzen überschreiten. Wir müssen sie daran erinnern, daß sie und wir gleichermaßen zum Leib Christi gehören und daß sie nicht vergessen sind.

Es kann nicht zwei Arten von Christen geben – die, die einen Preis zahlen, und die, die es nicht tun – die in Not und die im Luxus – die, die das Kreuz tragen, und die, die auf »Rosen gebettet« sind. Wenn wir wahrhaft Kinder Gottes sind, müssen wir bereit sein, das Leiden der inhaftierten Kirche zu teilen. Wir müssen bereit sein, jenen Christen zu helfen, indem wir mit ihnen leiden. Es genügt nicht, einfach beiläufig für die Kirche in Not zu beten, so als wäre sie nur ein weiterer Punkt auf einer langen »Einkaufsliste« mit Gebetsanliegen. Die Bibel lehrt, daß wir ganz konkret für unsere leidenden Brüder beten können und so stellvertretend *mit ihnen* leiden! Uns, die wir in freien

Ländern leben, ist kein Leid auferlegt worden, aber trotzdem können wir uns freiwillig dafür entscheiden, in Stellvertretung mit jenen zu leiden, die in dieser Lage sind. Wir können uns so mit unseren leidenden Brüdern identifizieren, daß wir tatsächlich innerlich leiden können (lesen Sie dazu Hebräer 10,32.33).

Dies ist eine Botschaft der Hoffnung für die allzu reich gesegnete Kirche des westlichen Mittelstandes. So viele von uns besitzen einfach zu viel, haben Überfluß an Freiheit und Bequemlichkeit. Wir räkeln uns buchstäblich im »guten Leben« des Westens, und wenn wir hören, was für Schrecken und Not andere aushalten, fühlen wir uns schuldig und von der Menge unseres Segens in Verlegenheit gebracht. Aber es ist nicht konstruktiv, sich schuldig zu fühlen. Man kann ja nichts dafür, wenn man in Westeuropa oder Amerika geboren ist. Man kann nicht zum nächsten Gefängnis rennen und den Aufsichtsbeamten bitten, einen der Kirche wegen einzulochen. Aber es *gibt* etwas Konstruktives, was Sie tun können. Sie können Gott bitten, Ihnen etwas von der Last Afrikas aufzulegen, damit Sie wirklich leiden, ganz buchstäblich leiden. Wollen Sie das tun? Wollen Sie, daß Gott Sie heute abend, wenn Sie einzuschlafen versuchen, den Kummer von Mary Luwum, der Frau des ermordeten Erzbischofs von Uganda, spüren läßt? Sind Sie bereit, die Angst der Christen in den Verstecken zu fühlen oder die Einsamkeit der im Exil Lebenden?

Wenn Sie willens sind, mit der leidenden Kirche zu leiden, dann wird Ihr Gebet für sie auch zu Gottes Herz dringen. Nur dann. Die Fürbitte ist eine starke Macht, eine reale Kraft – aber nur, wenn die Verpflichtung, die ich gerade beschrieben habe, eingehalten wird. Wird Ihre Fürbitte die Lage der Kirche in Afrika tatsächlich bessern? Ja, natürlich. Die Bibel gibt sogar Hinweise darauf (Hebräer 13,3.18.19), daß Fürbitten Menschen aus dem Gefängnis befreien können. Die Dauer der Strafe bestimmt nicht der Richter – obwohl er das vielleicht meint –, sondern die Christen bestimmen sie durch ihre Gebete. Um wirksam Fürbitte zu leisten, genügt es nicht, nur so vor sich hinzubeten, ohne sich auf das, was man tut, richtig zu konzentrieren. Setzen Sie sich still hin; sperren Sie alle anderen Gedanken aus, die Sie ablenken; warten Sie, bis Sie sich den Betreffenden ganz greifbar in einer Gefängniszelle oder wo immer sonst vorstellen können; und beten Sie dann für ihn, als sei er Ihr eigener Sohn oder Vater. Gott wird ein solches Gebet erhören.

Diese Art Gebet ergibt sich dann, wenn Sie sich entschlossen haben, mit Ihrem Bruder im Leid eins zu werden. Wir sind alle Glieder desselben Leibes. Wenn jemand auf die Fußsohlen geschlagen wird, schreit sein Mund. In Afrika werden Christen geschlagen, gefoltert, gequält, aber sie können nicht schreien; darum müssen wir für sie sprechen. Wir müssen schreien. Wir müssen mit ihnen weinen, mit ihnen beten, für sie fasten – und wenn es möglich ist, zu ihnen hingehen.

Hilft es denn auch? Als Aida Skripnikova in Leningrad im Gefängnis saß, schickten wir ihr eine kleine Packung Schokolade. Die Gefängnisbehörden informierten sie über das Geschenk, als es ankam, weigerten sich aber, es ihr auszuhändigen. Als wir uns nach ihrer Freilassung mit ihr unterhielten, sagte sie, schon von der Schokolade zu hören, die wir geschickt hatten, sei so gut gewesen, als hätte sie sie bekommen, nur weil sie gewußt habe, daß andere an sie dachten. Das habe ihr mehr genützt als die Schokolade.

Ich glaube an den Wert der Fürbitte, weil ich schon manches Mal auf der Seite des Empfängers gewesen bin. Ich habe Momente gehabt, in denen ich total am Boden war, krank oder müde; und plötzlich, ohne erkennbaren Grund, ging es aufwärts – körperlich und seelisch. Ich wußte, daß irgendwo, genau in dieser Minute, jemand für mich betete und Gott ihn erhörte. Gott erhört Ihr Gebet und überträgt Ihre Stärke auf Ihren leidenden Bruder. Zuerst aber müssen Sie bereit sein, mit ihm zu leiden.

Bereit zum Geben

Wie können Sie helfen, die Schlacht um Afrika zu gewinnen? Natürlich auch durch Geben.

Aber bevor Sie jetzt nach Ihrem Scheckbuch greifen, lassen Sie mich erklären, von welcher Art Geben ich rede. Ich meine nicht das bloße Geldspenden. Ich glaube nicht, daß Gott viel für die »Scheckbuch-Christen« übrig hat, die einfach von ihrem Bankkonto Geld abschöpfen und es in einen Umschlag für die Mission stecken, weil das am einfachsten ist. Damit Gott einer Gabe auch Ehre erweist und sie optimal nutzt, muß der Gebende persönlich daran Anteil nehmen.

Die Amerikaner sind die großzügigsten Menschen der Welt. Zu

großzügig, finde ich. Sie sind so gutherzig und sentimental, daß sie manchmal aus dem Gefühl heraus geben anstatt mit dem Verstand. Irgend jemand ruft zu irgend etwas auf, was ihr Gefühl anspricht, und automatisch greifen sie nach der Brieftasche. Aber das bloße Geben reicht nicht aus. Gewiß, wir müssen großzügig spenden, aber dabei durchdacht und druchbetet. Es ist unsinnig, wenn wir zwar die afrikanische Schlacht als geistlichen Kampf erkennen, aber trotzdem für Armut, Nahrungsmittel und Waisenkinder immer eher geben als für die Evangelisation. Wir müssen einen genügend klaren Kopf behalten, dafür zu spenden, daß das System sich ändert, und nicht *nur*, um ein hungerndes Kind zu füttern. Wir müssen herausfinden, warum es hungrig ist, und der Sache nachgehen. Wir müssen an den Ursachen arbeiten und uns nicht nur mit den Symptomen abgeben.

Die Kommunisten geben niemals den Hungrigen nur zu essen. Lenin sagte, die Revolution solle einem Bettler kein Geld geben, sondern ihn lieber noch ärmer machen, damit er sich auflehne gegen das System, das ihn so arm gemacht habe. »Wendet euch an seinen Geist und nicht an seinen Bauch.« Das ist eine wertvolle Lektion in taktisch durchdachtem Geben. Wir müssen unser Geld für die Dinge zur Verfügung stellen, die auf Dauer etwas bewirken. Gebt den Menschen etwas zu essen – ganz gewiß; aber gebt ihnen auch das Evangelium, gebt ihnen die Wahrheit; gebt ihnen etwas für den Geist, während ihr ihren Leib speist.

Ich glaube an das Spenden, aber nicht an das wahllose, sentimentale Geben ohne vorheriges Gebet. Ich habe erlebt, daß mich Gott an einem Tag aufforderte, alles, was man an diesem Tag von mir fordern würde, herzugeben. Und ich habe das auch getan. Wenn ich morgens bete, ruft der Heilige Geist mir manchmal Matthäus 5,42 ins Gedächtnis. Darin heißt es: »Gib dem, der dich bittet.« Sooft das geschieht, bittet mich im Laufe des Tages immer irgendwer um etwas, und ich weiß dann, daß ich es ihm geben soll. Einmal betete ich in Berlin mit einer Flüchtlingsgruppe in einem kleinen Hauskreis. Während unserer Gebete fiel mir dieser Vers ein. Als ich auf dem Heimweg allein durch eine dunkle Seitenstraße ging, kam ein Mann aus dem Schatten auf mich zu und verlangte mein Geld. Ich war kein bißchen erstaunt. Ich steckte einfach die Hand in die Tasche und gab ihm das Geld. Ich weiß nicht, ob er betrunken war oder ein Dieb, oder was auch immer, und es ist mir eigentlich auch egal. Ich weiß, daß Gott aus irgendeinem Grunde mein Geld für ihn wollte. Und als ich weiterging, betete ich »Der Herr sei gelobt«, weil der Vorfall mir bewies, daß Gott mich ernst nahm.

In der Bibelschule erlebte ich einmal dieselbe göttliche Eingebung. An diesem Tag bat mich ein Mitstudent um mein Akkordeon. Ich hatte mir immer so ein Akkordeon gewünscht und besaß es noch nicht lange, aber ich gab es ihm und fand das wunderschön. Letztes Jahr bei einem Missionarskonvent überkam mich dieselbe Empfindung, und es endete damit, daß ich einem anderen Missionar meine Schuhe schenkte. Wie sich herausstellte, paßten sie ihm vorzüglich, und ich ging in Socken in mein Hotelzimmer zurück. Wieder ein anderes Mal brachte mich ein kubanischer Pastor zum Flugplatz Havanna. Als ich mich von ihm verabschiedete, fühlte ich mich gedrängt, ihn zu fragen: »Was brauchst du am dringendsten, Bruder?«

»Ein Paar Schuhe.«

»Lobe den Herrn, Bruder! Da hast du sie.«

Und ich zog meine Schuhe aus, reichte sie ihm und trottete auf meinen bestrumpften Füßen zum Flug nach Europa in die Maschine. Beim Gehen klangen die letzten Worte dieses Mannes wieder und wieder in mir nach: »Nun hast du alles hergegeben, Andrew«, hatte er ernsthaft gesagt. »Nun kannst du nur noch dein Leben verschenken!«

Das Entscheidende beim Geben ist, daß es mit innerer Beteiligung geschieht und das Ergebnis göttlicher Eingebung ist. Ich habe eine Faustregel, nach der ich beurteile, ob mein Geben von Gott kommt. Ich sage: »Andrew, bist du bereit, auf *jede* Weise zu helfen, die Gott von dir verlangt?« Das kann bedeuten, daß man selber in ein fremdes Land gehen muß. Es kann bedeuten, daß man sich als Lehrer, als Techniker oder Missionar verpflichten muß. Aber sind Sie bereit, für Gott zu tun, was immer er von Ihnen verlangt, um damit Afrika zu helfen? Wenn Sie nämlich wirklich bereit sind, selbst hinzugehen und Gott *dann* sagt: »Nein, geh nicht. Spende stattdessen diesen Geldbetrag« – dann ist es gut: spenden Sie, und Gott wird Sie segnen. Aber nicht, wenn Sie nur irgend etwas geben, um Schuldgefühle zu beschwichtigen oder um sagen zu können, Sie hätten auch das Ihre getan. Wenn Sie wirklich bereit sind, auf jede Art zu helfen, die Gott von Ihnen verlangt, und er Sie dann aufruft zu helfen, indem Sie Geld spenden – dann ist das auch die Art, in der Sie geben sollen.

Damit kommen wir zur härtesten Forderung von allen: Sie können die Schlacht um Afrika beeinflussen, wenn Sie bereit sind, selbst dorthin zu gehen. An dieser Stelle fangen alle an und sagen: »Wer? Ich??« Fast jeder, der dies Buch liest, wird denken, daß nach Afrika zu gehen – wirklich höchstpersönlich dort hinzugehen – für ihn ein absurder, völlig unmöglicher Vorschlag ist.

Aber ist das wirklich so?

Die meisten Leute können in fünf Jahren soviel Geld verdienen, daß es für sechs Jahre reicht, wenn sie ihren Lebensstandard herunterschrauben. Warum sparen Sie nicht fünf Jahre lang ein Fünftel Ihres Einkommens und verbringen das sechste Jahr in Afrika, arbeiten dort unentgeltlich und leben von Ihren Ersparnissen? Es gibt z.B. buchstäblich Tausende von christlichen Lehrern, die in Afrika zwei Jahre unterrichten könnten. Es wäre nicht so bequem wie das Leben zu Hause, aber die Möglichkeit *ist* gegeben. Als die Bauarbeiten für die Pipeline in Alaska anfingen, sprach sich herum, daß Techniker und Arbeiter dort extrem viel verdienen könnten. Um das Geld zu bekommen, mußten sie in fürchterlichen Verhältnissen leben, in bitterer Kälte, getrennt von ihren Familien; trotzdem aber strömten die Männer zu Tausenden nach Alaska. Sind Christen weniger bereit, für das Reich Gottes Erschwernisse auf sich zu nehmen, als Sünder für Dollars? An fast allen Universitäten in Afrika gibt es offene Stellen, für die man Lehrer sucht. Die Londoner *Times* enthält jede Woche Anzeigen sogenannter »geschlossener« afrikanischer Länder, die Dozenten für ihre Universitäten suchen. Ein christlicher Erzieher kann nicht als Missionar in solche Länder gehen, wohl aber als Dozent (oder als Ingenieur der verschiedensten Fachrichtungen, als Techniker oder als Kaufmann). Diese Evangelisationstaktik ist auch der Revolution nicht unbekannt. Überall in den Entwicklungsländern der Welt haben radikale weiße Universitätsprofessoren die Chance wahrgenommen, afrikanische und asiatische Studenten zu beeinflussen. Warum tun wir das nicht auch? Die Tore, die der Kirche »verschlossen« bleiben, stehen dem einzelnen Christen oft weit offen. Die Ära traditioneller Missionsarbeit kann in Afrika vielleicht bald vorbei sein. Meine Söhne haben mir gesagt, sie wollten später Missionare werden. Ich habe ihnen geantwortet: »Nein. Zuerst lernt einen Beruf, dann könnt ihr den Leuten etwas bringen, was sie bereit dazu macht, eurem Evangelium zuzuhören.«

Bei einer Kundgebung in Peking sah man einmal junge Leute, die Fahnen mit dem Slogan trugen: »Geh dorthin, wo die Revolution dich am meisten braucht.« Das sollte auch der Aufruf des christlichen Evangeliums sein: GEH DORTHIN, WO DAS REICH GOTTES DICH AM MEISTEN BRAUCHT! Sind Sie bereit, in der Schlacht um Afrika Hilfe zu leisten, auch dann, wenn es bedeutet, daß Sie selbst dorthin gehen müssen? Speziell für junge Leute gibt es Organisationen mit einem ständig wachsenden Wirkungskreis (zum Beispiel Operation Mobilization, Jugend mit einer Mission, Campus für Christus, Wycliffe Bibelübersetzer), die Mitarbeiter brauchen und Sie – wenn auch nur gegen geringe Bezahlung – an eine strategisch günstige Stelle Afrikas bringen können, wo Ihre Anwesenheit etwas bedeutet. Eins ist sicher: Wenn Sie für Afrika etwas auf sich nehmen und, ganz gleichgültig um welchen Preis, dorthin wollen, dann wird Gott auch einen Weg finden, damit Sie hingelangen. Er legt niemals jemandem eine Last leichtfertig auf.

Pfarrer Walter Ciszek, ein Jesuit, verbrachte 23 Jahre in einem sibirischen Konzentrationslager. Er hätte früher herauskommen können, aber er entschied sich dafür, zu bleiben, um ein Zeuge für andere Gefangene zu sein, die das Evangelium brauchten. Ich habe von chinesischen Christen erfahren, die mit der erklärten Absicht nach Rotchina gegangen sind, sich dort festnehmen und inhaftieren zu lassen, um den Gefangenen in den Haftanstalten zu predigen und dort für ihren Glauben Zeugnis abzulegen. »Es ist leicht, nach China hineinzukommen«, meinten sie, »wenn man sich damit abfindet, daß man nicht wieder herauskommt.« Diese Art christlicher Jüngerschaft ist es, die jede von Menschen gemachte Revolution überwinden kann.

Die weißen Afrikaner sollten sich fragen: »Ist es möglich, daß wir einmal als Sklaven nach Schwarzafrika verkauft werden? Und würden wir das, wenn es soweit käme, akzeptieren und, so schmerzlich es auch für uns wäre, als Chance nehmen, Afrika zu evangelisieren?« Und die Leute im Westen müßten sich fragen: »Wären wir – wenn es keine andere Möglichkeit gäbe – bereit, unsere Freiheit und unseren Lebensstil aufzugeben und als besiegte Nation unser Evangelium nach Rußland und China zu tragen?« Nur wenn wir etwas so Extremes anzunehmen bereit sind – nur wenn wir zu allem bereit sind, um die Welt zu gewinnen – nur wenn wir auf alle Vorbehalte verzichten und einfach sagen: »Herr, ich will *gehen* – nur dann können wir sicher sein, daß die Schlacht um Afrika auf keinen Fall verloren ist.

Das sind harte Forderungen. Ich weiß nicht, ob ich sie erfüllen kann. Aber ich bete jeden Tag, daß Gott mich so bereit machen und bereit erhalten wird. Wie Abraham beim Opfer Isaaks weiß ich, daß ich für Gott bereit bin, wenn ich willig bin, alles für ihn zu opfern.

Dann aber können wir den Menschen in Afrika ins Gesicht sehen und mit völliger Aufrichtigkeit zu ihnen sagen: »Wir möchten eure Diener sein und nicht eure Herren. Wir kennen die Geschichte eures Landes und bedauern sie; aber, Gott sei gelobt, wir brauchen es nicht dabei zu belassen. Wir lieben euch und beweisen unsere Liebe, indem wir Seite an Seite mit euch gemeinsam für das Reich Gottes arbeiten.«

Und miteinander, durch Gottes starken Arm, werden wir den Kampf um Afrika für Gottes Reich gewinnen!

Anhang

Übersicht über die afrikanischen Staaten südlich der Sahara. Von der Forschungsgruppe von Open Doors International zusammengestellt.

olitische Gliederung Afrikas

ÄQUATORIALGUINEA 24800 Quadratkilometer

Bevölkerung: 350000
Hauptstadt: Santa Isabel

98 % Afrikaner
Stammesgruppen: Fangs 75 %, Benges, Combes, Bujebas, Balenges, Fernandinos, Bubis
Religion: Katholiken 60 %, Protestanten, Animisten
Alphabetenanteil: 20 %
Einparteien-Republik (12. Oktober 1968)
Nationale Einheitspartei (PUN)
Präsident: Francisco Macias Nguema

ÄTHIOPIEN 1221900 Quadratkilometer

Bevölkerung: 29,5 Millionen
Hauptstadt: Addis Abeba

99 % Afrikaner
Volksgruppen: Amhara 25 %, Galla 40 %, Tigre 12 %, Sidama 9 %, Somali 2 %
Religion: Äthiopische Orthodoxe Christen 40 %, Moslems 40 %, Animisten 20 %
Alphabetenanteil: 7 %
Militärregierung (1975)
Provisorischer militärischer Verwaltungsrat (PMAC)
Oberst Mengistu Haile Miriam

ANGOLA 1246700 Quadratkilometer

Bevölkerung: 6,4 Millionen
Hauptstadt: Luanda

95 % Afrikaner, 1 % Europäer, 2 % Mischlinge
Hauptstämme: Ovimbundu 38 %, Kimbundu 23 %, Bacongo 13 %
Religion: 16 % Christen, Animisten
Alphabetenanteil: 20 %
Einparteien-Volksrepublik
Volksbewegung für die Befreiung Angolas (MPLA)
Präsident: Agostino Neto

BOTSWANA 600372 Quadratkilometer

Bevölkerung: 693000
Hauptstadt: Gaborone

94 % Afrikaner, 8 Haupt-Stammesgruppen: Bangwato, Bakweno, Batawana, Bangwaketse, Bakgatla, Bamalete, Barolong, Batlokwa
Religion: 85 % Animisten, 15 % Christen
Alphabetenanteil: 33 % in Setswana, 25 % in Englisch
Einparteien-Republik (März 1965)
Nationalversammlung
Präsident: Sir Seretse Khama

BURUNDI 27834 Quadratkilometer

Bevölkerung: 4,1 Millionen
Hauptstadt: Bujumbura

99 % Afrikaner
Hauptstämme: Hutu 85 %, Tutsi 14 %, Twa 1 %
Religion: Christen 60 %, Animisten und Moslems
Alphabetenanteil: 55 %
Einparteien-Republik (1. Juli 1962)
Nationale Einheits-und Fortschrittspartei (UPRONA)
Oberst Jean Baptiste Bagaza

DAHOMEY 112622 Quadratkilometer

Bevölkerung: 3,1 Millionen
Hauptstadt: Porto-Novo

99 % Afrikaner
Religion: 65 % Animisten, 15 % Christen, 13 % Moslems
Einparteien-Republik
Präsident: Major Mathieu Kerekou

DJIBOUTI (Französisch-Somaliland) 22000 Quadratkilometer

Bevölkerung: 150000
Hauptstadt: Djibuti

Stammesgruppen: Afar, Issar
Religion: vorwiegend Moslems
Französische Territorialregierung (1967)
Unabhängiger Staat (1977)

ELFENBEINKÜSTE 322463 Quadratkilometer

Bevölkerung: 6,5 Millionen
Hauptstadt: Abidjan

96 % Afrikaner
Über 60 Stämme
Religion: Animisten 63 %, Moslems 25 %, Christen 12 %
Alphabetenanteil: 20 %
Einparteien-Republik (7. August 1960)
Demokratische Partei der Elfenbeinküste (PDCI)
Präsident: Felix Houphouët-Boigny

GABUN 267667 Quadratkilometer

Bevölkerung: 575000
Hauptstadt: Libreville

98 % Afrikaner
Hauptstämme: Fang, Eshira, Bapounou, Bakete, Okanda
Religion: Christen 46 %, Moslems, Animisten, Fetischisten
Alphabetenanteil: 20 %
Einparteien-Republik (17. August 1960)
Demokratische Partei Gabuns (PDG)
Präsident: Albert Bernard Bongo

GAMBIA 11295 Quadratkilometer

Bevölkerung: 550000
Hauptstadt: Banjul

98 % Afrikaner
Stammesgruppen: Mandingo 40 %, Fula 13 %, Wolof 12 %, Jola 7 %, Serahuli 7 %
Religion: Moslems 85 %, Animisten und Christen 15 %
Alphabetenanteil: 10 %

Zweiparteien-Republik (18. Februar 1965)
Fortschrittliche Volkspartei (PPP), Vereinigte Partei (UP)
Präsident: Dawda Kairaba Jawara

GHANA 238537 Quadratkilometer

Bevölkerung: 11 Millionen
Hauptstadt: Akkra

99 % Afrikaner
Hauptstämme: Akan, Ewe, Ga
Religion: Animisten 45 %, Christen 43 %, Moslems 12 %
Alphabetenanteil: 25 %
Militärregierung (1957)
Oberster Militärrat (SMC)
Oberst I. K. Acheampong

GUINEA 245857 Quadratkilometer

Bevölketung: 4,6 Millionen
Hauptstadt: Conakry

Volksgruppen: Foulah, Malinke, Soussous
Religion: Moslems 75 %, Animisten 24 %, Christen 1 %
Alphabetenanteil: 10 %
Einparteien-Republik (2. Oktober 1958)
Demokratische Partei Guineas (PDG)
Präsident: Ahmed Sékou Touré

GUINEA-BISSAU 36125 Quadratkilometer

Bevölkerung: 750000
Hauptstadt: Bissau

97 % Afrikaner
Hauptstämme: Balanta 30 %, Fulani 20 %, Mandyako 14 %, Malinke 13 %, Papel 7 %
Religion: Animisten 69 %, Moslems 30 %, Christen 1 %
Alphabetenanteil: 5 %
Einparteien-Republik (10. September 1974)
Afrikanische Partei für die Unabnängigkeit Guinea-Bissaus

und Cap Verde (PAIGC)
Präsident: Luis des Almeida Cabral

KAMERUN 475442 Quadratkilometer

Bevölkerung: 6,4 Millionen
Hauptstadt: Yaoundé

200 Stämme
Religion: Islam, Christentum, Animisten
Alphabetenanteil: 65 %
Einparteien-Republik (1. Januar 1960)
Nationalunion Kameruns (UNC)
Präsident: Ahmadou Ahidjo

KENIA 582645 Quadratkilometer

Bevölkerung: 14,1 Millionen
Hauptstadt: Nairobi

98 % Afrikaner, 1,1 % Asiaten, 0,9 % andere
125 Stämme: Kikuku 20 %, Luo 15 %, Abaluhya 13 %, Kamba 11 %, Kisii 6 %, Meru 5 %, andere 30 %
Religion: Animisten 38 %, Protestanten 27 %, Katholiken 22 %, Moslems 3 %
Alphabetenanteil: 24 %
Einparteien-Republik (1964)
Präsident: Jomo Kenyatta

REPUBLIK KONGO 342000 Quadratkilometer

Bevölkerung: 1,4 Millionen
Hauptstadt: Brazzaville

99 % Afrikaner
Hauptstämme: Bakongo, Bateke, M'Bochi, Sangha
Religion: Animisten 48 %, Christen 47 %, Moslems 5 %
Alphabetenanteil: 20 %
Einparteien-Volksrepublik (15. August 1960)
Kongo-Arbeiter-Partei (PCT)
Elfköpfige Militärjunta (Stand: 31. März 1977)

LESOTHO 30470 Quadratkilometer

Bevölkerung: 1,125 Millionen
Hauptstadt: Maseru

Stämme: meist Basuto
Religion: 50 % Christen, andere Traditionelle, Animisten
Alphabetenanteil: 50 %
Konstitutionelle Monarchie
König: Motlotlehi Moshoeshoe II (1969)
Premierminister: Laebua Jonathan

LIBERIA 111369 Quadratkilometer

Bevölkerung: 1,6 Millionen
Hauptstadt: Monrovia

Volksgruppen: 16 Stämme (97,5 %, hauptsächlich Mande, Westatlantische und Kwa), Amerika-Liberianer (2,5 %)
Religion: Stammesreligionen 70–80 %, Moslems 10–20 %, Christen 10 %
Alphabetenanteil: 10 %
Einparteien-Republik (1847)
True-Whig-Partei
Präsident: William R. Tolbert Jr.

LIBYEN 1759450 Quadratkilometer

Bevölkerung: 3 Millionen
Hauptstadt: Tripolis

Volksgruppen: Araber und arabisierte Berber 97 %, Neger
Religion: Sunnitische Moslems
Alphabetenanteil: 27–35 %
Militärrepublik (24. Dezember 1951)
Revolutionärer Kommandorat (RCC)
Vorsitzender: Oberst Mu'ammar alGaddafi

MADAGASKAR 587041 Quadratkilometer

Bevölkerung: 9 Millionen
Hauptstadt: Tananarive

Volksgruppen: 18 Malagasy-Stämme, 40000 Bewohner der Komoren-Inseln, 6000 Franzosen, 17000 Inder, 9000 Chinesen
Religion: Christen, Animisten
Alphabetenanteil: 40 %
Militärrepublik (26. Juni 1960)
Oberster Revolutionsrat
Präsident: Kommandeur Didier Ratsiraka

MALAWI 118484 Quadratkilometer

Bevölkerung: 5,3 Millionen
Hauptstadt: Lilongwe

98 % Afrikaner
Stammesgruppen: Chewas, Nyanja, Lomwe, Yao, Sena, Tumbuka
Religion: Traditionelle, Christentum, Islam
Alphabetenanteil: 25 %
Einparteien-Republik (6. Juli 1964)
Malawische Kongreßpartei (MCP)
Präsident: Hastings Kamuzu Banda

MALI 1240142 Quadratkilometer

Bevölkerung: 5,91 Millionen
Hauptstadt: Bamako

Volksgruppen: Mandé (Bambara, Malinké, Sarakollé) 50 %, Peul 17,2 %, Voltastämme 12,2 %, Songhai 5,6 %, Tuareg und Mauren 4,6 %
Religion: 90 % Islam, 9 % Eingeborenen-Religionen, 1 % Christen
Alphabetenanteil: unter 5 %
Militärrepublik (22. September 1960)
Militärkomitee der nationalen Befreiung (MCNL)
Präsident: Oberst Moussa Traoré

MAURETANIEN 1030700 Quadratkilometer

Bevölkerung: 1,5 Millionen
Hauptstadt: Nouakchott

Volksgruppen: Araber-Berber 80 %, Negroide 20 %

Religion: Islam 99 %
Alphabetenanteil: 6 %
Einparteien-Verfassungsform (28. November 1960)
Mauretanische Volkspartei (MPP)
Präsident: Moktar Ould Daddah

MOSAMBIK 783030 Quadratkilometer

Bevölkerung: 9,1 Millionen
Hauptstadt: Maputo

99,4 % Afrikaner, 0,6 % andere (viele Stämme)
Religion: Animisten 65 %, Christen 22 %, Moslems 11 %
Alphabetenanteil: 20 %
Einparteien-Volksrepublik (25. Juni 1975)
Mosambikanische Befreiungsfront (FRELIMO)
Präsident: Samora Machel

NAMIBIA (Südwestafrika) 823876 Quadratkilometer

Bevölkerung: 915000
Hauptstadt: Windhuk

85 % Afrikaner, 15 % Europäer
Hauptstämme: Ovambo, Dama, Herero, Nama oder Hottentotten, Okavango, Ost-Kapstämme, Cape Colored, Rohoboth, Baster, Buschmänner, Kaokovelder, Tswana
Religion: Animisten, Lutheraner, Katholiken, Methodisten, Anglikaner und Holländisch-Reformierte
Alphabetenanteil: unter 10 %
Ein-Parteienrepublik (1969)
Südwestafrikanische gesetzgebende Versammlung
Politische Gruppen: (SWAPO) S.W. Afrika-Volksorganisation, (SWANU) S.W. Afrika-National-Union, (SWANUF) S.W. Afrika-Nationale Einheitsfront
Administrator: J.G.H. Van der Wath

NIGER 1267000 Quadratkilometer

Bevölkerung: 4,9 Millionen
Hauptstadt: Niamey

99 % Afrikaner
Hauptstämme: Haussa 50 %, Djermas 23 %, Fulanis 15 %, Tuaregs 12 %
Religion: meist Moslems, wenige Animisten und Christen
Alphabetenanteil: 6 %
Militärregierung (3. August 1960)
Oberster Militärrat (SMC)
Oberst Seyni Kountche

NIGERIA 923768 Quadratkilometer

Bevölkerung: 64,7 Millionen
Hauptstadt: Lagos

250 Stämme, Haussi-Fulani, Ibo, Yoruba 60 %
Religion: 47 % Moslems, 34,5 % Christen, 18,5 % Animisten und andere
Bundesrepublik (1. Oktober 1963)
Bundesmilitärregierung (FMG) 1966
Kommandierender General Yakubu Gowon

OBERVOLTA 274200 Quadratkilometer

Bevölkerung: 6 Millionen
Hauptstadt: Uagadugu

99 % Afrikaner
Stammesgruppen: Mossi, Bobo, Mande
Religion: Animisten, Moslems, Christen
Alphabetenanteil: 10 %
Militärregierung (1960)
Keine Parteien
Generalmajor Aboubakar Sangoule Lamizana

RHODESIEN (ZIMBABWE) 390580 Quadratkilometer

Bevölkerung: 6,6 Millionen
Hauptstadt: Salisbury

96 % Afrikaner, 3 % Europäer, 1 % Asiaten und andere Farbige
Religion: 51 % synkretisch (teils christlich, teils animistisch), 25 % Christen, 24 % Animisten, einige Moslems

Alphabetenanteil: Afrikaner 30 %, Europäer und Asiaten 100 %
Vielparteien-Republik (UDI 1965)
Premierminister: Ian D. Smith

RUANDA 26338 Quadratkilometer

Bevölkerung: 4,3 Millionen
Hauptstadt: Kigali

99 % Afrikaner
Stammesgruppen: Hutu 89 %, Tutsi 10 %, Twa 1 %, 3000 Asiaten, 2000 Europäer, 150 Amerikaner
Religion: Animisten, Christen, Moslems
Alphabetenanteil: 15 %
Militärregierung (1. Juli 1962)
Komitee für nationalen Frieden und Einheit
Generalmajor Juvenal Habyarimana

SAMBIA 752614 Quadratkilometer

Bevölkerung: 5,2 Millionen
Hauptstadt: Lusaka

98 % Afrikaner
Vorwiegend Bantustämme
Religion: Animisten und Christen
Alphabetenanteil: 20 %
Einparteien-Republik (24. Oktober 1964)
Vereinigte nationale Unabhängigkeitspartei (UNIP)
Präsident: Kenneth Kaunda

SENEGAL 196192 Quadratkilometer

Bevölkerung: 4,5 Millionen
Hauptstadt: Dakar

99 % Afrikaner
Hauptstämme: Wolof 36 %, Peul 18 %, Serere 17 %, Toucouleur 9 %, Diola 9 %, Mandingo 6 %
Religion: Moslems 80 %, Christen, Animisten
Alphabetenanteil: 8 %

Zweiparteien-Republik (4. April 1960)
Fortschrittsunion des Senegals (UPS), Demokratische Partei des Senegals (PDS)
Präsident: Léopold-Sédar Senghor

SIERRA LEONE 71740 Quadratkilometer

Bevölkerung: 2,8 Millionen
Hauptstadt: Freetown

98 % Afrikaner
Hauptstämme: Temne 30 %, Mende 30 %
Religion: Animisten 70 %, Moslems 25 %, Christen 5 %
Alphabetenanteil: 10 %
Zweiparteien-Republik (27. April 1961)
Kongreß des gesamten Volks (APC)
Volkspartei von Sierra Leone (SLPP)
Präsident: Siaka P. Stevens

SOMALIA 637657 Quadratkilometer

Bevölkerung: 3,3 Millionen
Hauptstadt: Mogadischu

98,8 % Somalier, 1,2 % Araber und Asiaten
Religion: Moslems 99 %, andere 1 %
Alphabetenanteil: 20 %
Militärregierung (1. Juli 1960)
Oberster Revolutionsrat (SRC)
Generalmajor Mohammed Siad Barre

SPANISCH-SAHARA 266000 Quadratkilometer

Bevölkerung: 92750
Hauptstadt: El Aaiún

Spanisch, arabisch, Berber, Neger
Religion: Moslems, Katholiken
Alphabetenanteil: Europäer 100 %, Nomaden 5 %
Einparteien-Republik
Die Nationale Bewegung (TNM)

Generalgouverneur und Kommandant: Brigadegeneral José Maria Perez De Lema Tejero

SUDAN 2505813 Quadratkilometer

Bevölkerung: 18,2 Millionen
Hauptstadt: Khartoum

Arabische und afrikanische Stämme: Dinka, Nuer, Schulluk
Religion: Moslems, Christen 4 %, Animisten
Alphabetenanteil: 10–15 %
Militärdiktatur
Sudanesische sozialistische Union (SSU)
Präsident: Jafar Muhammad Numeiri

SÜDAFRIKA 1221037 Quadratkilometer

Bevölkerung: 26,3 Millionen
Hauptstädte: Pretoria (Verwaltung), Kapstadt (Gesetzgebung)

Afrikaner 70–75 %, Zulu 5 Millionen, Xhosa 4,9 Millionen
Religion: Holländisch-Reformierte, Reformierte Kirche Südafrikas, Anglikaner, Methodisten, Presbyterianer, Katholiken, Juden und synkretische Religionen (teils christlich, teils animistisch)
Einparteien-Republik: National-Partei
Staatspräsident: Jacobus Johannes Fouche
Premierminister: Balthazar Johannes Vorster

SWASILAND 17400 Quadratkilometer

Bevölkerung: 534250
Hauptstädte: Mbabane (Moderne Verwaltung), Lobamba (Traditionelle Hauptstadt, Gesetzgebung)

96 % Afrikaner
Stämme: Swazi 96 %, Zulu und Shangane
Religion: 57 % Christen, 43 % Animisten
Sprachen: Swazi und Englisch
Alphabetenanteil: 30 %
Einparteien-Republik (Februar 1968)
Imbokodvo-Bewegung
Staatschef: König Sobhuza II

TANSANIA

945 087 Quadratkilometer

Bevölkerung: 15,6 Millionen
Hauptstadt: Dar es Salam

99 % Afrikaner, 1 % Indo-Pakistaner, Araber und Europäer
Über 130 Stämme, hauptsächlich Sukuma und Myamwezi
Religion: Christen 35 %, Moslems 35 %, Animisten 30 %
Alphabetenanteil: 45–50 %
Einparteien-Republik
Tanganyika-Afrikanische National-Union (TANU) Afro-Shirazi-Partei (ASP)
Präsident: Julius K. Nyerere

TOGO

56 000 Quadratkilometer

Bevölkerung: 2,4 Millionen
Hauptstadt: Lomé

99 % Afrikaner
Hauptstämme: Ewe, Mina, Kabyé
Religion: Animisten 75 %, Christen 20 %, Moslems 5 %
Alphabetenanteil: 10 %
Einparteien-Republik (27. April 1960)
Togolesische Volksversammlung (RPT)
General Gnassingbé Eyadéma

TSCHAD

1 284 000 Quadratkilometer

Bevölkerung: 4,2 Millionen
Hauptstadt: N'Djamena

99 % Afrikaner
Volksgruppen: Sudanesische Gruppe (Sara, Banan, Moundang, Baguirmian), Nilotische Gruppe (Ouaddian, Dar Massalit, Moubi, Dadjo), Arabische Gruppe (Hassaouna, Djoheina), Sahara-Gruppe (Kanimbou, Toubou)
Religion: Mehrzahl Islam, Animisten, 5 % Christen
Alphabetenanteil: 10 %
Militärregierung (11. August 1960)
Oberstes Militärkomitee (SMC)
Präsident: Felix Malloum

UGANDA 236036 Quadratkilometer

Bevölkerung: 12,1 Millionen
Hauptstadt: Kampala

99 % Afrikaner
Hauptgruppen: Bantu, Nilstämme, Nil-Hamiten, Sudanstämme
Religion: Christen 60 %, Moslems 6 %, Animisten und andere
Alphabetenanteil: 30 %
Militärregierung (9. Oktober 1962)
Keine Parteien
General Idi Amin Dada

ZAIRE 2345409 Quadratkilometer

Bevölkerung: 27,2 Millionen
Hauptstadt: Kinshasa

80 % Bantu (über 200 Stammesgruppen)
Religion: 50 % Katholiken und Protestanten, Kimbanguismus, synkretische Sekten, traditionelle Religionen
Alphabetenanteil: 35 %
Präsidentialregierung, eine Partei (30. Juni 1960)
Volksbewegung der Revolution (MPR)
Präsident: Mobutu Sese Seko

ZENTRALAFRIKANISCHE REPUBLIK 622984 Quadratkilometer

Bevölkerung: 2,4 Millionen
Hauptstadt: Bangui

Volksgruppen: Baya-Mandija und Banda 66 %, M'baka 7 %, 80 andere Gruppen
Religion: Protestanten 40 %, Katholiken 28 %, Animisten 24 %, Moslems 8 %
Alphabetenanteil: 18 %
Einparteien-Republik (13. August 1960)
Soziale Entwicklungsbewegung in Schwarzafrika (MESAN)
Präsident: Jean-Bédel Bokassa
Seit 1977 Kaisertum

Bruder Andrew

Der Schmuggler Gottes

Er wußte nie, ob hinter der Grenze Tod oder Leben auf ihn wartete

240 Seiten, ABCteam Bd. 112, Paperback

Ein junger Mann sucht Abenteuer und Selbstbestätigung im fernen Osten. Seelisch und körperlich geschädigt kommt er zurück.
Doch dann erlebt er die Wirklichkeit des lebendigen Gottes, und sein Leben ändert sich radikal. Er kauft sich die ersten Bücher seines Lebens und besucht ein Bibelcollege.
Bei einem Jugendkongreß in Warschau findet er seine eigentliche Bestimmung: Bibelmission hinter dem Eisernen Vorhang. Bruder Andrew erlebt Wunder, als er auf Selbsthilfe durch Überlistung der Grenzposten verzichtet und Gott alles weitere zutraut. Er nimmt den Leser mit auf die Reise in ein unbekanntes Land zu Männern und Frauen, von denen man einige nie mehr vergessen wird.